les loups
et les chiens

Saint-hubert

Chiots de dogue allemand

Renard
d'Europe

Squelette de
loup à crinière

Silky terrier

Caniche
shampooiné

les loups et les chiens

par

Juliet Clutton-Brock

Photographies originales de Philip Dowel,
Colin Keates ABIPP et Dave King

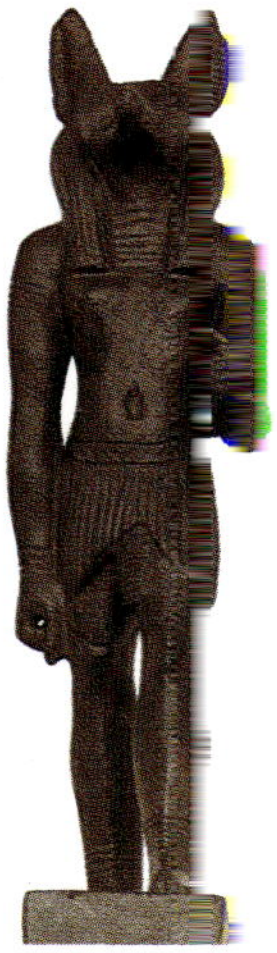

Bronze d'Arabie
(600 av. J.-C.-300
ap. J.- C.

Terrier d'Australie

Setter anglais

Deux salukis

Renardeau arctique
en pelage d'été

Beagle sur
une piste

GALLIMARD

Teckel à poil long et teckel nain à poil dur

Renard arctique en pelage d'hiver

Crâne de fennec

Comité éditorial

Londres :

Louise Barratt, Gillian Denton, Julia Harris, Thomas Keenes, Diana Morris et Helen Parker

Paris :

Christine Baker, Manne Héron et Jacques Marziou

Edition française préparée par Pascale Froment

Conseiller : Michel Tranier, Muséum national d'histoire naturelle

Publié sous la direction de

Peter Kindersley,
Jean-Olivier Héron
et
Pierre Marchand

Lurcher

Chien bâtard

Bronze égyptien (300 av. J.-C.- 300 ap. J.-C.)

Bouledogue français

Lampe romaine en bronze (tête et pieds de chien) datée du 1er siècle av. J.-C., à l'an 100 de notre ère

ISBN 2-07-056586-6
La conception de cette collection est le fruit d'une collaboration entre les Editions Gallimard et Dorling Kindersley.

Dépôt légal : octobre 1991. N° d'édition : 51790
Imprimé à Singapour

SOMMAIRE

Boxer

QU'EST-CE QU'UN CHIEN ? 6

LES CANIDÉS MONTRENT LES CROCS 8

TOUS CES OS FONT LES CHIENS 10

DE LA TÊTE À LA QUEUE,
CES DÉTAILS QUI FONT LA BÊTE 12

LA VOIX, ET L'ŒIL, DE SON MAÎTRE 14

UNE ACTIVITÉ AU « PIF » MAIS PAS AU HASARD 16

TRAITS DE COMPORTEMENT, TRAITS COMMUNS 18

ILS JOUENT POUR BIEN GRANDIR 20

LE LOUP N'EST PAS UN LOUP POUR LES LOUPS 22

COYOTES ET CHACALS ONT L'ESPRIT DE CLAN 24

LES ESPÈCES SAUVAGES ONT LEUR NICHE… ÉCOLOGIQUE 26

LE RENARD TIENT À SA RÉPUTATION 28

LES RENARDS DE L'EXTRÊME 30

CE SONT LES COUSINS D'AMÉRIQUE… DU SUD 32

LES CHIENS NE RENIENT PAS LEUR ANCÊTRE 34

CERTAINS SONT DINGOS 36

ATTENTION, CROISEMENTS ! 38

DRESSÉS POUR LA CHASSE 40

CES BERGERS QUI VEILLENT SUR LE BÉTAIL 42

NÉS POUR RENDRE SERVICE 44

LES CHIENS AUSSI FONT DU SPORT 46

CHASSE À DEUX VITESSES 48

LE CHIEN D'ARRÊT SE DRESSE 50

LES TERRIERS NE FORMENT PAS UNE SOCIÉTÉ FERMÉE 52

DES CHIENS QU'ON APPELLE SPÉCIAUX 54

ILS SE DONNENT UN MAL DE CHIEN 56

LES CHIENS D'APPARTEMENT CACHENT BIEN LEURS ORIGINES 58

TOUS BÂTARDS ET HEUREUX DE L'ÊTRE 60

UNE VIE DE CHIEN MODE D'EMPLOI 62

INDEX 64

PRIÈRE
Cette peinture de l'Allemand Albrecht Dürer (1471-1528) représente saint Hubert, patron des chasseurs.

QU'EST-CE QU'UN CHIEN ?

La famille des Canidés, du latin « canis » qui signifie chien, comporte quelque 37 espèces, loups, chacals, renards, chiens sauvages et domestiques, toutes carnivores – se nourrissant de viande – et toutes bâties pour la chasse. Leurs dents sont parfaites pour tuer les proies, mâcher la chair, ronger les os et parfois, se battre. En meute ou solitaires (p. 18), les chiens sont de redoutables prédateurs, grâce à leurs sens très développés : grands yeux pour la vue, oreilles dressées pour l'ouïe et museau sensible pour l'odorat (p. 14 à p. 17). Toutes les espèces sauvages, sauf le chien des buissons sud-américain (p. 32), ont de longues pattes adaptées à la course, qui leur permettent de poursuivre leur proie, ainsi qu'une longue queue en fourrure épaisse, souvent unie (p. 12). Digitigrades – ils marchent sur les doigts –, les Canidés possèdent cinq doigts aux pattes antérieures et quatre à l'arrière, les chiens domestiques ayant une cinquième griffe, ou ergot, sur la face interne de la patte postérieure. L'accouplement se produit environ une fois l'an et, au terme de deux mois de gestation, les femelles donnent naissance à une portée de chiots (pp. 20-21). Mammifères, elles allaitent leurs petits et les élèvent durant plusieurs mois avec l'aide de la famille.

RÉPARTITION GÉOGRAPHIQUE
A l'origine, les Canidés sauvages vivaient sur tous les continents et sous tous les climats, sauf en Australie où ils ont été introduits par l'homme (pp. 36-37) ainsi que dans l'Antarctique.

Chacal commun ou doré

LE CHACAL
Il en existe quatre espèces (pp. 24-25) – commune (doré), à flancs rayés, à chabraque et loup d'Abyssinie –, toutes africaines, mais la première se rencontre aussi en Europe et en Asie (chacal doré d'Asie). Il chasse en couple – une union qui peut durer toute la vie.

Renard d'Europe

LE RENARD D'EUROPE
C'est un chasseur solitaire, amateur de lapins et de rongeurs. Le comportement des renards (p. 28 à p. 31), à la queue touffue caractéristique, diffère de celui des autres Canidés (pp. 18-19).

DES MILLIONS D'AMIS
Il existe des chiens de toutes sortes, de toutes tailles et de toutes couleurs. Voici quelques-unes des 400 races domestiques du monde. Toutes descendent du loup, le premier Canidé apprivoisé par l'homme il y a 12 000 ans, dans diverses régions (pp. 8-9).

CHAUFFE-PIEDS
Un des multiples services rendus par les chiens – et pas le plus banal – a été de réchauffer les pieds des moines au Moyen Age. Ainsi, sur ce beau vitrail, voit-on Tobie et Sarah, personnages bibliques, couchés avec leur chien.

42 dents, comme les autres Canidés, mais la 1re prémolaire intérieure est forte et coupante.

LE LOUP
Ancêtre de tous les chiens domestiques, c'est le plus grand des Canidés sauvages (pp. 22-23) et l'un des carnivores les plus sociables (p. 19). Il vit et chasse en groupe, ou meute.

La fourrure du loup peut aller du blanc au noir en passant par le gris (comme ici), le roux et le brun.

Loup commun

LE LYCAON
Ce Canidé sauvage de la savane africaine (p. 26), aussi appelé loup-peint, est un carnivore remarquablement social (p. 19) qui chasse en famille. Mais décimé par les chasseurs et la maladie, et aussi parce que d'autres prédateurs lui volent ses proies, il est menacé d'extinction.

Lycaon

Museau massif et dents très différentes de celles du chien

Patte postérieure plus courte, d'où l'accroupissement caractéristique

Patte antérieure longue et puissante

La hyène rayée vit en Afrique et en Asie occidentale. Elle chasse et, nécrophage, se nourrit de carcasses, avec des dents assez puissantes pour broyer les os que les grands félins ont laissés.

Les chiens de prairie sont des rongeurs sociaux, habitant de vastes terriers collectifs (jusqu'à 65 ha).

Le «loup» de Tasmanie ou thylacine, qui ressemblait à un chien, était un marsupial sans lien de parenté avec les Canidés. Il n'existe plus que naturalisé, dans les musées.

Oreille arrondie

La base de la queue était large et musclée.

CE NE SONT PAS DES CHIENS

Les Hyénidés, le «loup» de Tasmanie et le chien de prairie ne sont pas des Canidés : les premiers, qui comprennent trois espèces de hyènes, se rapprochent des félins; aujourd'hui éteint, le deuxième était un marsupial (mammifère à poche) australien; le troisième est un rongeur d'Amérique du Nord, apparenté aux écureuils.

LOIN, LOIN... L'IMMENSITÉ
Sirius, l'étoile la plus brillante du ciel, appartient à la constellation du Grand Chien. A l'image des vastes changements dans l'espace, l'évolution des Canidés sur Terre a pris des millions d'années.

LES CANIDÉS MONTRENT LES CROCS

À l'Oligocène, il y a 30 millions d'années, la première créature ressemblant à un chien, « Cynodictis », sorte de mangouste à long museau, est apparue sur Terre. Elle a remplacé les créodontes, le premier grand groupe de carnivores. Les plus anciens fossiles de Canidés ont tous été retrouvés en Amérique du Nord et remontent à cette période. « Tomarctus », un autre carnivore du même genre, s'est développé plus tard, au Miocène. Puis vint « Canis », devenu « Canis lupus » – le loup – voici 300 000 ans. Descendants de ce dernier, les premiers chiens domestiques ont fait leur apparition il y a 12 000 ans. D'autres animaux, comme les hyénodontes de l'Oligocène, avaient aussi un air de famille avec ces ancêtres mais n'étaient pas apparentés aux véritables Hyénidés, eux-mêmes plus proches des Félidés. Depuis le lointain carnivore « Cynodictis », les Canidés ont évolué, se transformant en coureurs rapides et infatigables qui chassent leur proie à vue. La plupart des espèces actuelles ont hérité de ce mode de vie.

Vue latérale du crâne de *Cynodictis*

Crâne de *Cynodictis* vu du dessous

L'AÏEUL
Voici le crâne fossilisé de l'un des représentants de l'ancêtre des Canidés, *Cynodictis*. Sorte de mangouste, il vivait il y a 30 millions d'années.

LE LOUP CHAROGNARD
Cette espèce éteinte (ci-dessous) vivait en Californie à la période glaciaire. Enorme, elle se nourrissait de mammouths et d'autres grands mammifères de l'époque.

Reconstitution du loup charognard

Scène dans les lacs de bitume de La Brea (Etats-Unis). Deux loups charognards et un *Smilodon* se disputent un mammouth.

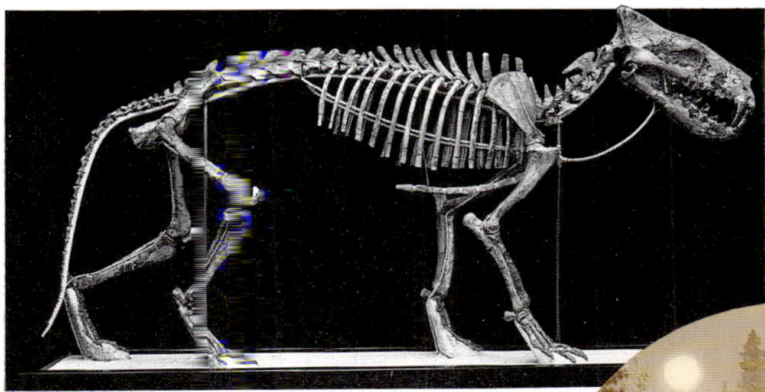

Squelette reconstitué

Reconstitution de *Hyaenodon* attaquant une sorte de daim

À NE PAS CONFONDRE AVEC LA HYÈNE
Hyaenodon était plus grand que la plupart des autres carnivores de l'Oligocène. Il vivait en Amérique du Nord et en Eurasie, dévorant probablement les grands ongulés (animaux à sabots) de cette période. Il a été ainsi baptisé d'après ses fossiles, à cause de sa très grosse tête et de ses puissantes mâchoires. Mais ce n'est pas l'ancêtre des Hyénidés actuels.

UNE BONNE MÂCHOIRE
L'évolution des Canidés sur des millions d'années a pu être reconstituée à partir de petits fossiles, comme ces fragments de mâchoires de *Cynodictis*. Les dents de ce carnivore ressemblent, en plus réduit, à celles des Canidés actuels.

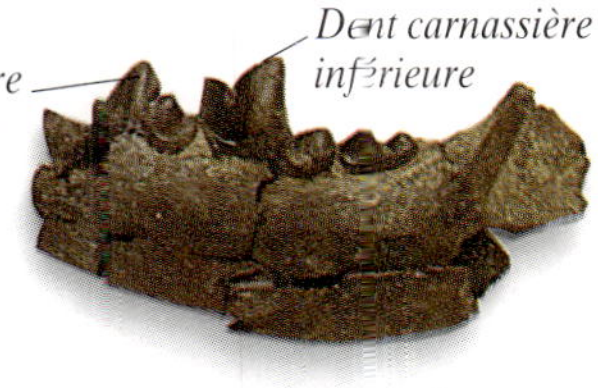

Mâchoire inférieure

Mâchoire inférieure

Trois morceaux de mâchoires du fossile *Cynodictis*

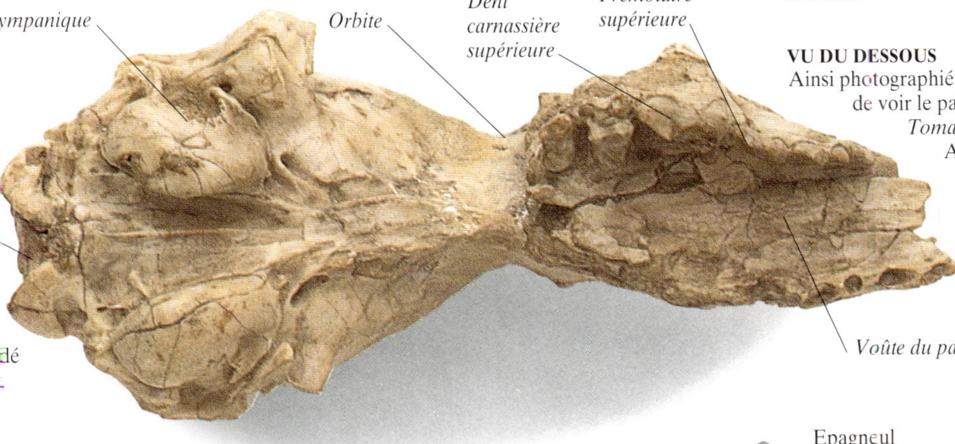

Crâne de *Tomarctus* vu du dessous

VU DU DESSOUS
Ainsi photographié, ce crâne fossile permet de voir le palais de son propriétaire, *Tomarctus*, qui vivait en Amérique du Nord jusqu'à il y a 5 millions d'années. Il avait quelques traits «canins», sans pour autant être apparenté aux ancêtres des Canidés.

GROSSE TÊTE
Le loup est le plus grand Canidé sauvage actuel. Voici, à droite, son crâne.

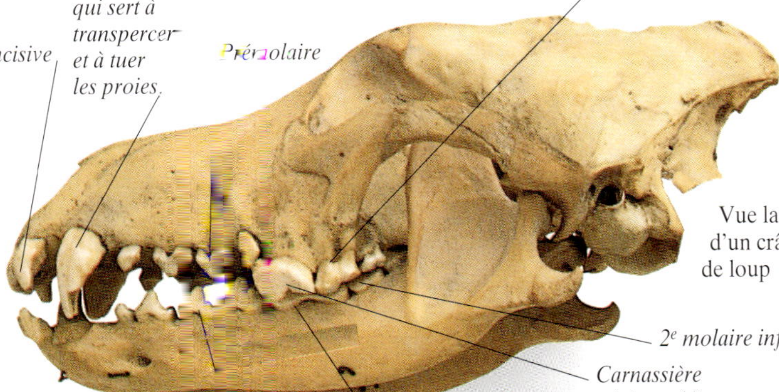

Vue latérale d'un crâne de loup

ÉVOLUTION MODERNE
Durant la dernière période glaciaire, il y a 40 000 ans, loups et humains vivaient et chassaient sur le même territoire, se disputant les proies et s'entretuant. Mais les premiers devaient aussi rôder dans l'entourage des seconds afin de se nourrir de déchets. Aussi des louveteaux (pp. 20-21) apprivoisés devinrent-ils la souche, sur de nombreuses générations, des chiens domestiques.

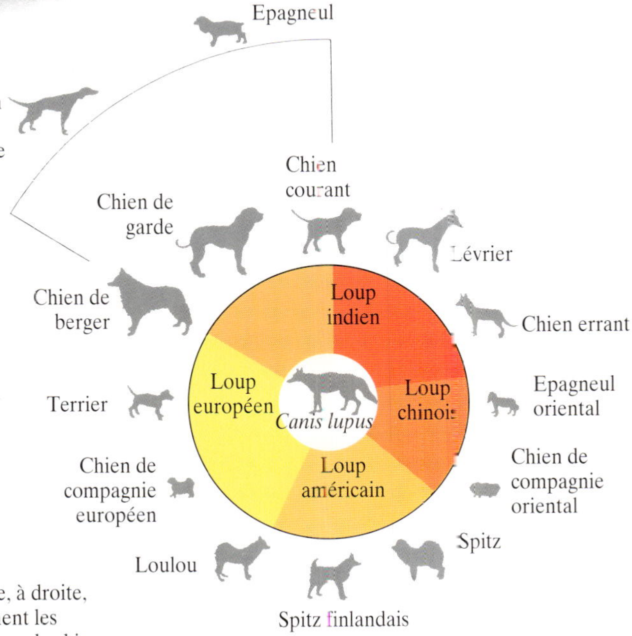

Le diagramme, à droite, montre comment les principales races de chiens se sont développées à partir des différentes sous-espèces de loup à travers le monde.

Evolution moderne des chiens domestiques

TOUS CES OS FONT LES CHIENS

Chez tous les mammifères, le squelette sert de charpente au reste du corps. Ainsi, les os du crâne protègent le cerveau, la bouche, les yeux, le nez et les oreilles ; la colonne vertébrale soutient le cœur, les poumons et le système digestif ; les omoplates et le bassin sont les pivots qui donnent aux membres leur mobilité. Les os sont reliés entre eux par des ligaments attachés à leurs extrémités comme de gros élastiques qui n'entravent pas les mouvements. Également fixés aux os par des tendons, les muscles permettent au corps de bouger dans toutes les directions. Chaque os possède ses caractéristiques propres grâce auxquelles on peut identifier le squelette et déterminer s'il appartient à un Canidé. Le crâne du loup, du chien et du renard a toujours un long museau et comporte de grandes dents. Le cou et la colonne vertébrale sont aussi relativement allongés. Les côtes constituent une cage thoracique solide, tandis que les os des pattes sont adaptés à la course.

NO... NOSSE !
Voici l'illustration d'une comptine anglaise. La vieille femme n'a plus d'os pour son chien! (p. 62).

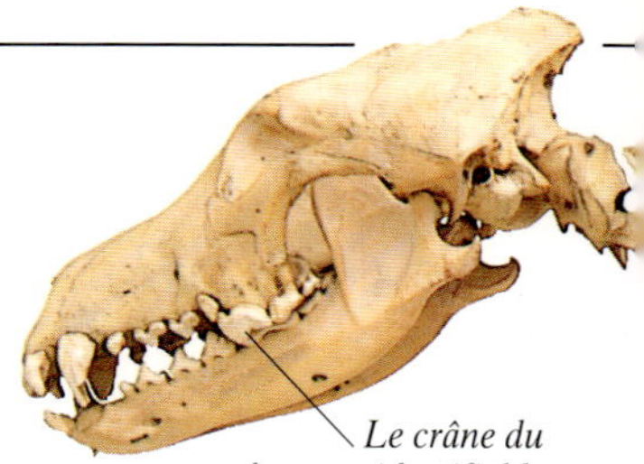

Le crâne du loup est identifiable à la grande taille de sa dent carnassière, indispensable pour déchirer la viande.

Loup arctique

CHAMPION
Le loup (pp. 22-23), avec quelques races de chiens domestiques géants, a le plus grand squelette de tous les Canidés.

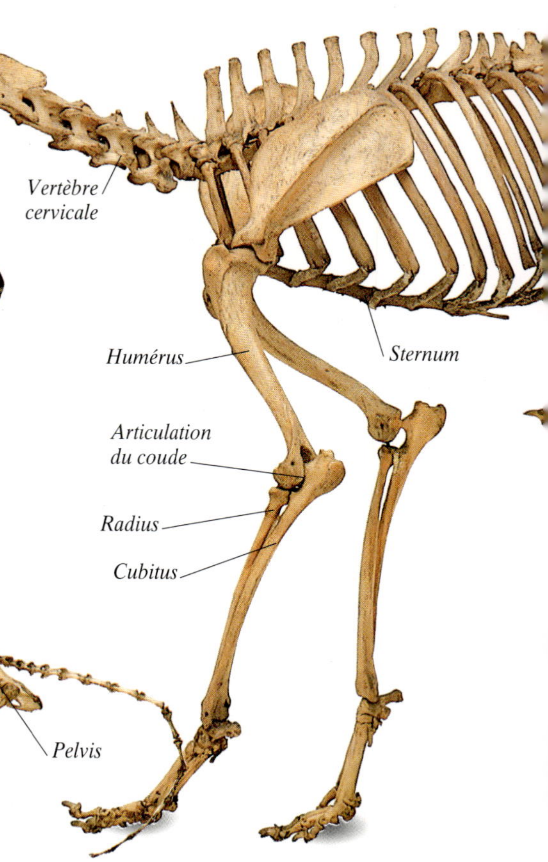

Squelette de lycaon

Lycaon

LE LYCAON
Il a de très longues pattes par rapport à son corps, ce qui lui permet de chasser sur d'importantes distances (p. 26).

Renard d'Europe

GOUPIL
Le renard d'Europe se faufile dans les broussailles et les rochers. Proportionnellement à son corps, ses pattes sont plus courtes que celles du loup.

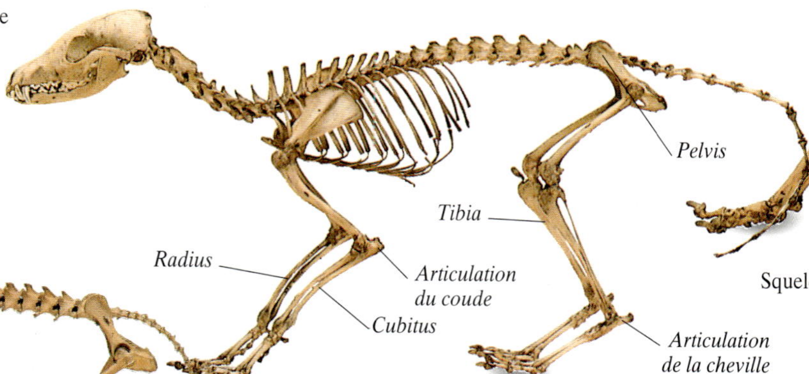

Squelette de renard d'Europe

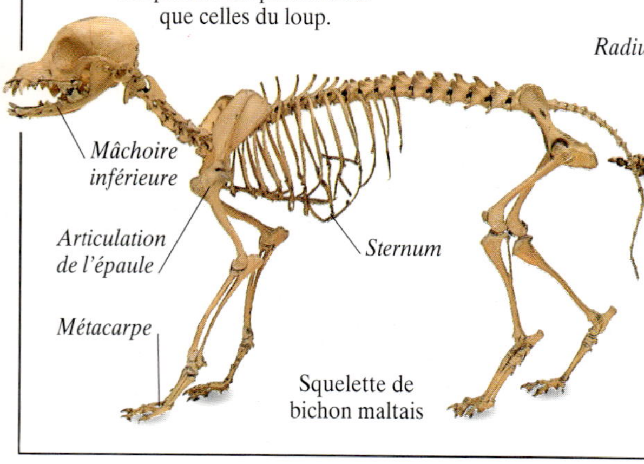

Squelette de bichon maltais

PELUCHE
Ce bichon maltais n'a rien d'un loup et, pourtant, il en a le squelette, en modèle réduit.

Bichon maltais

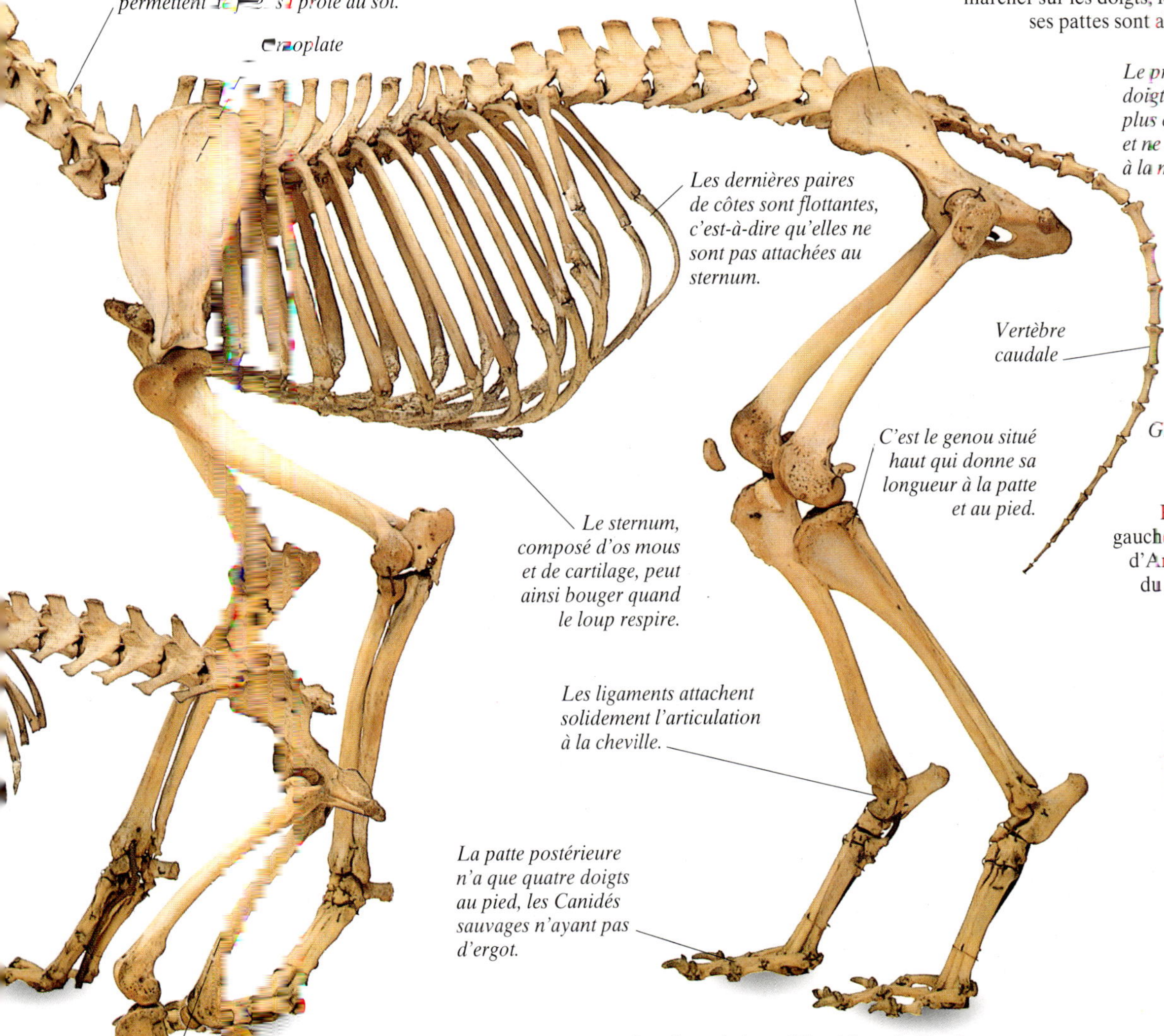

Squelette de loup d'Amérique du Nord

PATTE ANTÉRIEURE GAUCHE
Pour que le loup puisse marcher sur les doigts, les os de ses pattes sont allongés.

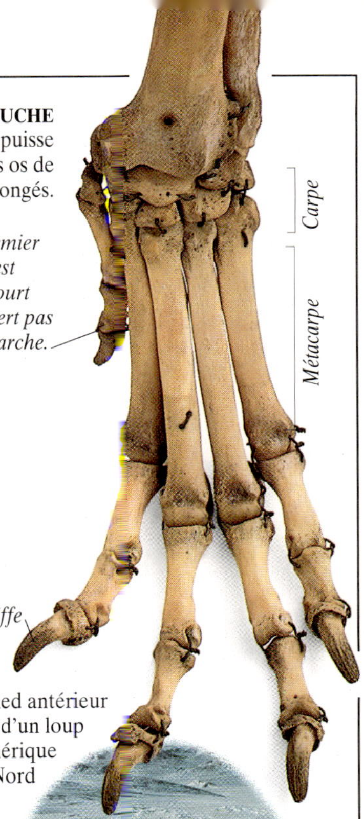

Pied antérieur gauche d'un loup d'Amérique du Nord

DES PAS DANS LA NEIGE
Voici les larges traces laissées par un loup dans la toundra arctique du Grand Nord canadien.

Berger allemand

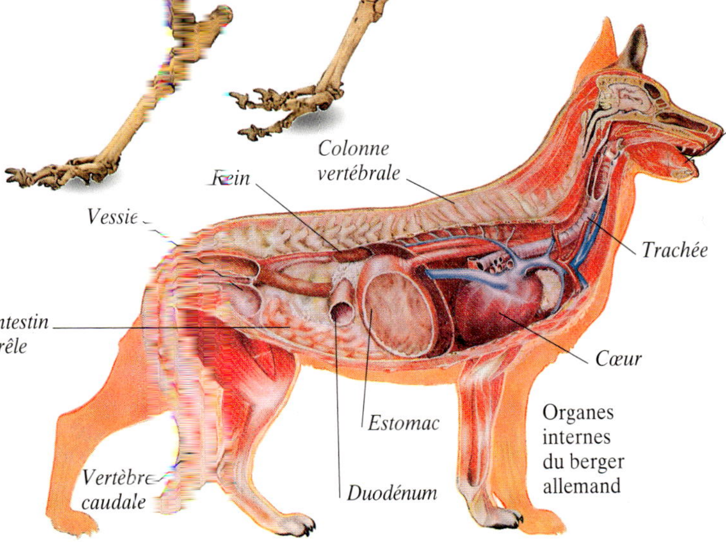

Organes internes du berger allemand

ÉCORCHÉ
Alimentés par l'oxygène du sang, les muscles enveloppent le squelette.

ORGANES
Une fois dans les poumons l'oxygène est réparti par le cœur dans tout le corps. La nourriture passe dans l'estomac et fournit au chien l'énergie dont il a besoin. Quant aux déchets, ils sont évacués par le gros intestin.

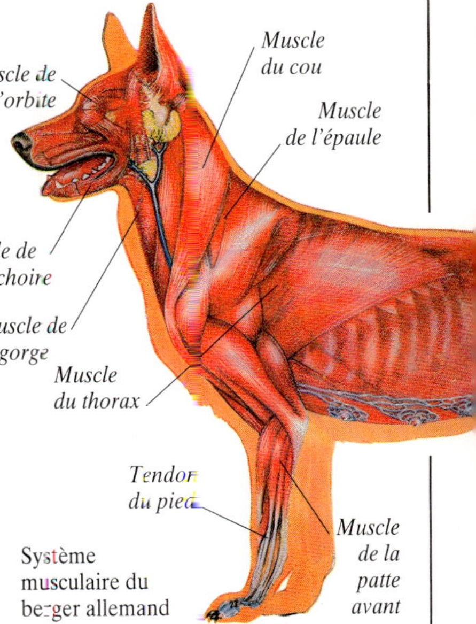

Système musculaire du berger allemand

MANTEAUX DE FOURRURE
Jusqu'à ce siècle, ils étaient indispensables aux hommes pour se préserver du froid. Mais aujourd'hui, avec l'apparition des matériaux synthétiques, le port d'un manteau de fourrure est un signe de mépris pour la raréfaction des animaux sauvages et d'absence de compassion pour leur souffrance.

DE LA TÊTE À LA QUEUE, CES DÉTAILS QUI FONT LA BÊTE

Indispensable pour leur tenir chaud, la robe des Canidés est définie par les longueurs et textures de son poil, différentes selon les climats. Elle se compose d'une sous-couche de bourre laineuse, généralement unicolore, et de poils plus longs et plus épais, les jarres, enduits d'une huile naturelle qui rend ce manteau imperméable ; ce sont eux qui donnent à la fourrure son aspect strié ou tacheté. La tête des espèces sauvages, qu'elle soit grande ou petite, possède des traits communs : elle est allongée, avec des oreilles dressées et des dents alignées le long de mâchoires droites. De même pour la queue, toujours longue, droite, souvent touffue. Elle joue un rôle très important : balancier indispensable à l'équilibre pendant la course, indice d'expression des sentiments et signal aux autres membres du groupe lorsqu'elle est levée. Les Canidés sauvages ne la portent jamais enroulée sur le dos.

Beaucoup de chiens domestiques, comme ce terrier d'Australie, ont la queue écourtée de manière à ce qu'elle tienne parfaitement droite.

La queue du renard d'Europe est toujours roussâtre et touffue comme une brosse.

La queue épaisse de ce bouvier bernois lui tient chaud.

La queue du dalmatien est également tachetée.

Queue coupée de schnauzer géant

Le renard argenté a une fourrure grise douce très caractéristique (à gauche).

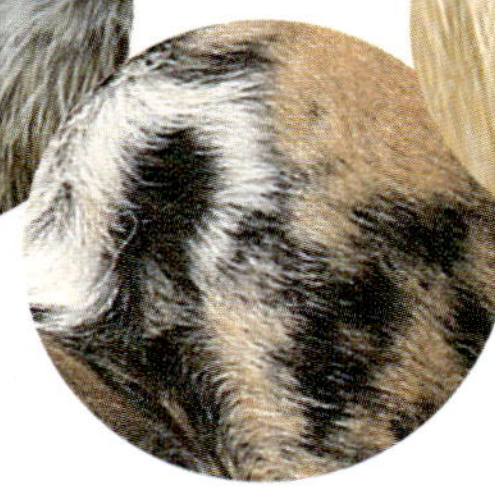

Le renard famélique vit dans des endroits chauds. Sa fourrure est fine et fournie (ci-dessus).

Le poil ras du lycaon (ci-dessus) évite à l'animal d'avoir trop chaud quand il court.

Il y a des teckels à poil long (ci-contre), à poil ras et à poil dur (à droite).

Poil dur de teckel nain (ci-dessus)

ILS PERDENT LEURS POILS
La plupart des Canidés muent au printemps et à l'automne, pour que leur robe soit légère l'été et épaisse l'hiver. Voici le pelage d'un berger allemand en train de muer.

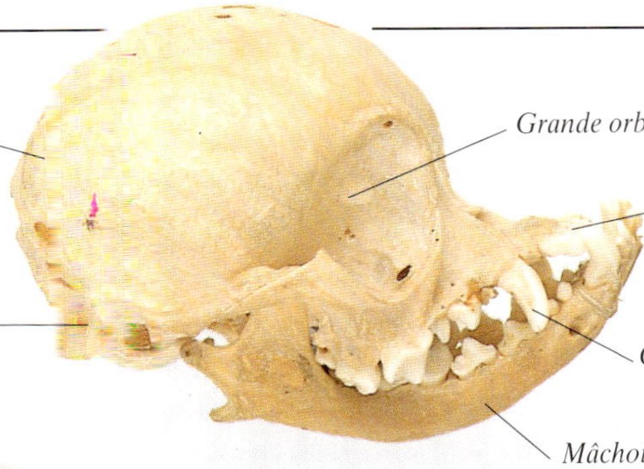

L'ÉPAGNEUL JAPONAIS
Tous les chiens descendent du loup, même celui-ci, aussi appelé tchin, avec sa petite tête ronde et ses courtes mâchoires courbes.

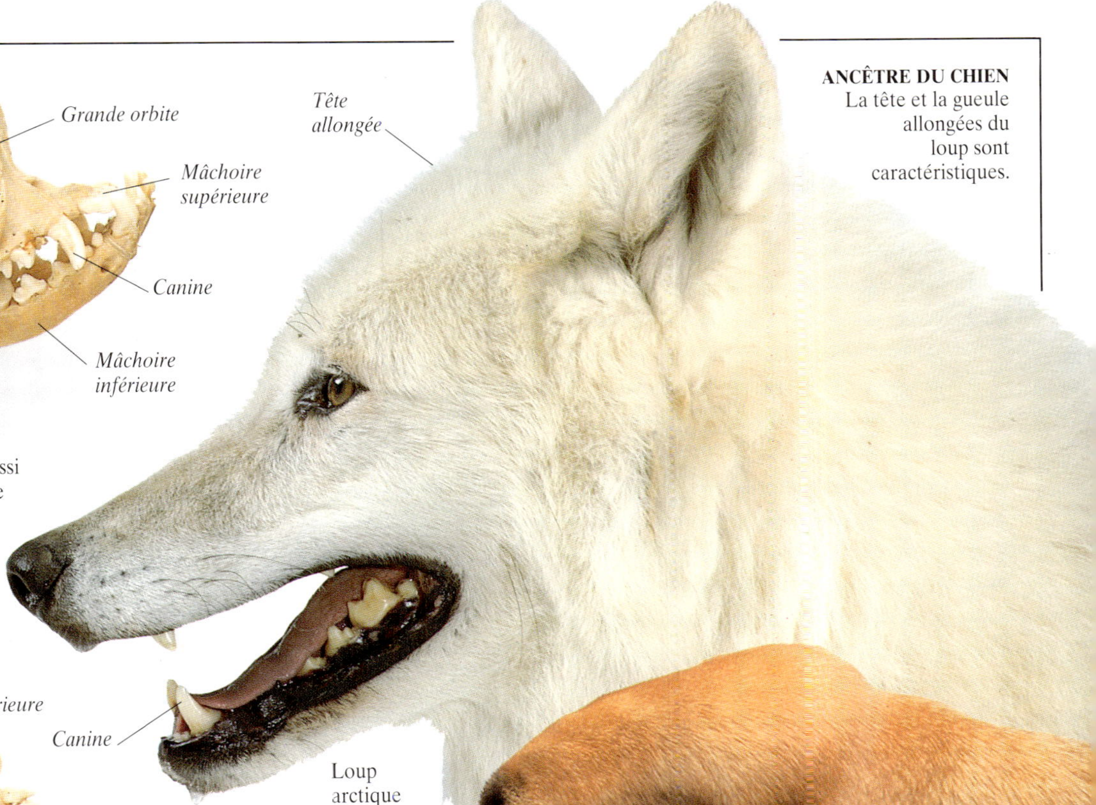

Loup arctique

ANCÊTRE DU CHIEN
La tête et la gueule allongées du loup sont caractéristiques.

Vue latérale d'un crâne d'épagneul japonais

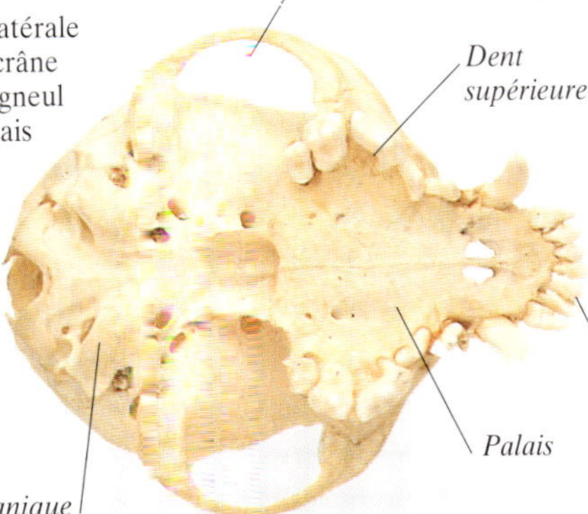

Crâne d'épagneul japonais vu du dessous

Saint-hubert

UN LIMIER
Chien de meute, le saint-hubert a la tête droite, le museau peu prononcé et un flair exceptionnel.

L'OTOCYON
Sa tête ressemble vaguement à celle d'un renard mais ses oreilles sont énormes et ses dents très faibles.

Crâne d'otocyon vu du dessous

Fox-terrier

LE FOX-TERRIER
Son crâne plat diminue graduellement en largeur vers les yeux.

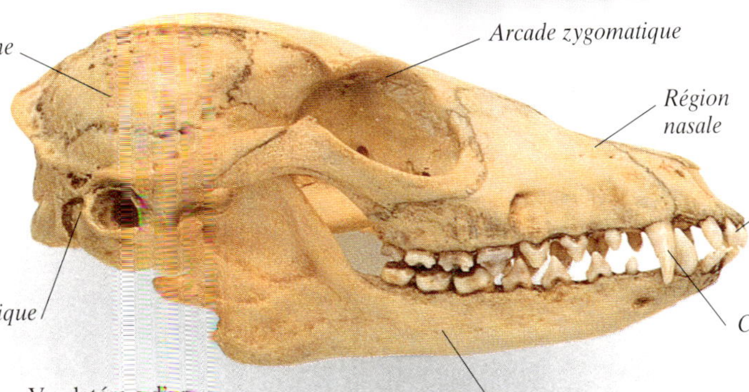

Vue latérale d'un crâne d'otocyon

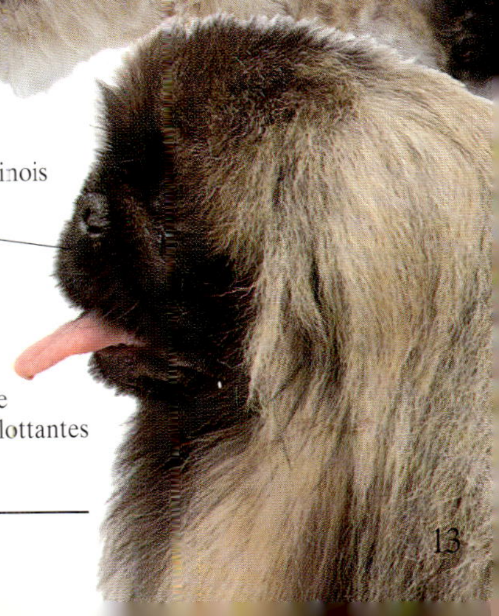

Pékinois

LE PÉKINOIS
Fruit d'années d'élevage sélectif (p. 60), il possède une petite tête ronde, sa face est aplatie, ses oreilles flottantes et sa fourrure douce.

LA VOIX, ET L'ŒIL, DE SON MAÎTRE

Tous les chiens domestiques du monde, du pékinois (p. 58) au dogue allemand (p. 57), ont hérité de la vue et de l'ouïe de leur ancêtre loup. Les facultés sensorielles de ce dernier ont évolué pour lui permettre de chasser de grandes proies, en compagnie de ses congénères. Mais chez les différentes races de chiens obtenues par sélection artificielle, on a adapté ou développé ces dernières à volonté. Ainsi chez les lévriers a-t-on choisi comme reproducteurs, sur plusieurs siècles, les chiots qui possédaient une excellente acuité visuelle. Résultat, la vue de cette race surpasse, en qualité, celle du loup. Presque tous les chiens domestiques actuels ont acquis un champ visuel plutôt frontal tandis que celui du loup reste latéral. Mais les Canidés entendent moins bien que les autres carnivores car ils chassent... entre chien et loup, aux heures où la vue compte plus que l'ouïe.

COR DE CHASSE
Les chiens de chasse sont dressés à obéir au son du cor comme à la voix humaine.

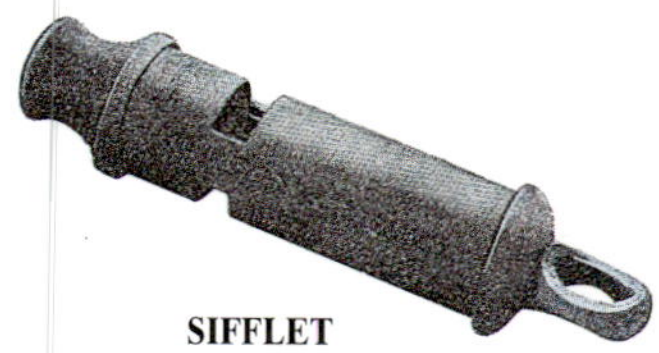

SIFFLET
La plupart des chiens répondent au coup de sifflet.

À L'ÉCOUTE
Le chien oriente ici ou là ses grandes oreilles pour capter et localiser les sons.

La fourrure épaisse tient chaud au fennec pendant les nuits froides dans le désert.

LE FENNEC
C'est le plus petit Canidé. Bien adapté à la chaleur, il vit dans les déserts du Sahara, dénichant sa nourriture dans le sable.

La fourrure du fennec est blond clair pour réfléchir la chaleur du désert dans la journée.

Les très grandes oreilles du fennec l'empêchent d'avoir trop chaud et lui permettent d'entendre le moindre bruit, peut-être synonyme d'un repas proche.

La fourrure du ventre est plus claire, comme chez presque tous les carnivores.

L'OREILLE
Tous les Canidés sauvages dressent l'oreille pour mieux entendre.

LE BARZOÏ
A cause de sa vue perçante, ce lévrier russe (p. 46) a été employé à la chasse dès le Moyen Age. Plus tard, les tsars se le réservèrent pour forcer les loups à courre.

Les yeux sont grands et la face bien dirigée vers l'avant, ce qui implique probablement que le barzoï a une vision stéréoscopique : il voit en trois dimensions, comme les humains.

Quand la gueule est fermée, les incisives du maxillaire doivent recouvrir légèrement celles de la mandibule.

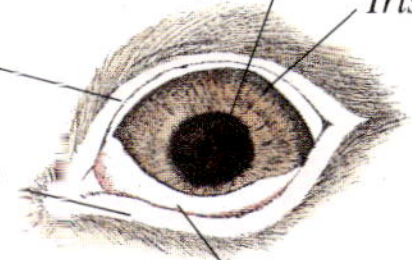

L'ŒIL
Sous les paupières inférieure et supérieure du chien, une troisième paupière, la nictitante, protège l'œil des poussières.

ANUBIS L'ÉGYPTIEN
Dieu à tête de chacal de l'ancienne Egypte, il présidait à l'embaumement des morts et pesait leur cœur.

Les lévriers de course portent habituellement une muselière (p. 46).

LE CHIEN DE COURSE
Ce lévrier anglais attend le signal du départ, tous les sens en alerte. Pendant la course, il ne perdra pas de vue le lièvre mécanique qui l'entraînera, comme s'il s'agissait d'un gibier vivant.

LE LOUP À CRINIÈRE
Cet habitant bien nommé (p. 33) de la savane sud-américaine a des oreilles très développées pour capter le moindre son dans les grandes herbes.

L'HALLALI
Cette bande de lycaons chasse un oryx, sans le quitter de leurs grands yeux. Avec leurs larges oreilles, ils captent les signaux qu'ils émettent entre eux, toujours à l'affût d'autres prédateurs qui pourraient les concurrencer.

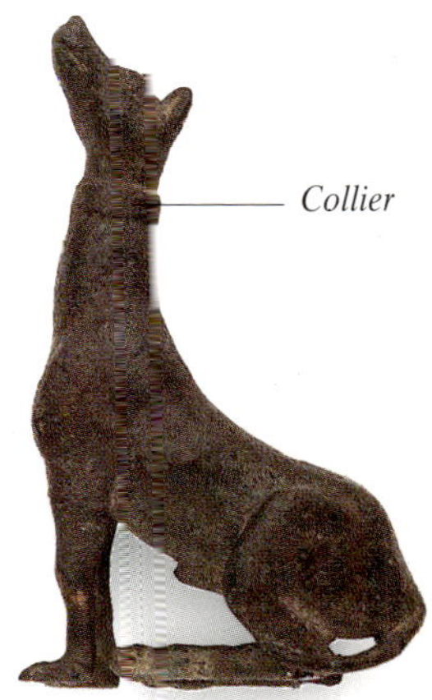

Collier

LE CHIEN DE GARDE
Sur cette sculpture de la Rome antique, il guette de tous ses yeux et ses oreilles les éventuels voleurs.

UNE ACTIVITÉ AU «PIF» MAIS PAS AU HASARD

Les Canidés ont tous un odorat bien supérieur à celui des hommes et sans doute une meilleure mémoire des odeurs que des choses vues. Tandis que nous mémorisons l'apparence et l'emplacement d'un objet en le visualisant, le chien, lui, s'en souvient à travers différentes odeurs. L'odorat est le sens le plus développé chez tous les Canidés sauvages, loups, chiens, chacals et renards. Ils chassent à vue de nez, choisissent leur partenaire à coups de truffe et identifient pareillement un nouveau venu sur leur territoire. Ils arrivent même, en les reniflant, à déterminer si les animaux de rencontre sont détendus ou effrayés. Cette disposition exceptionnelle s'explique par la présence, dans leur museau allongé, de fins rouleaux osseux tapissés d'une muqueuse où se déposent les particules odorantes. Chez certaines races de chasse, on a privilégié l'odorat par sélection, souvent au détriment de la vue.

POINTER POINTANT
Le pointer, à l'odorat le plus développé qui soit, arpente le sol nez en avant et «pointe» le gibier où il se trouve.

Saluki, ou lévrier persan

Dalmatien

PRÉSENTEZ-VOUS
Un chien en apprend long sur un congénère en reniflant la glande anale située sous sa queue.

TRUFFE CONTRE TRUFFE
Certains individus sont dressés pour chercher les truffes, champignons souterrains très prisés. Ces truffiers s'y emploient... du bout de leur truffe. Ils détectent facilement l'odeur musquée du précieux tubercule.

Les oreilles tombantes, comme celles du beagle, indiquent que leur propriétaire n'a pas l'ouïe aussi fine que celle des espèces sauvages.

Il flaire au sol les traces odorantes d'une proie.

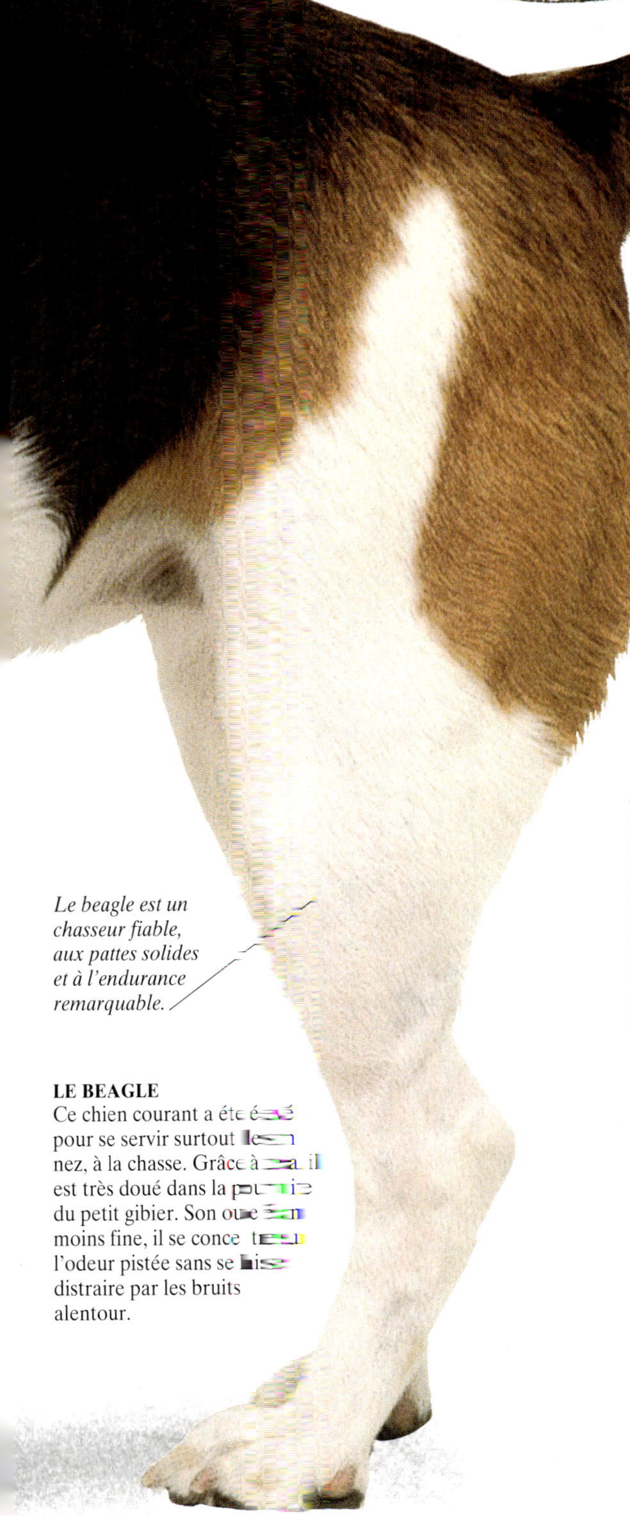

À LA TTAQUE !
En principe, le renard ne s'attaque pas au mouton, sauf s'il sent que celui-ci est moribond ou si c'est un agneau sans défense.

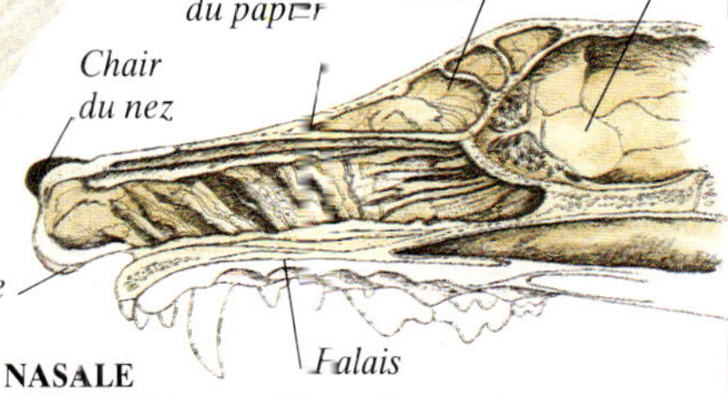

CAVITÉ NASALE
L'odorat aigu du chien est dû aux fins rouleaux osseux, ou cornets, qui font suite aux naseaux et sont reliés aux nerfs olfactifs – eux-mêmes transmettant la sensation au cerveau.

TRUFFE DE TECKEL NAIN
Comme chez tous les chiens, elle est en peau épaisse, avec deux narines à travers lesquelles les odeurs se déposent dans les fosses nasales.

Le bon odorat de l'otocyon lui permet de trouver rapidement sa proie.

L'OTOCYON
Il se nourrit de petits animaux, de fruits, et son bon odorat lui est nécessaire pour chercher les insectes enfouis.

Le beagle est un chasseur fiable, aux pattes solides et à l'endurance remarquable.

LE BEAGLE
Ce chien courant a été élevé pour se servir surtout de son nez, à la chasse. Grâce à lui il est très doué dans la poursuite du petit gibier. Son ouïe étant moins fine, il se concentre sur l'odeur pistée sans se laisser distraire par les bruits alentour.

A vue de nez,

il y a dans l'air...

... une surprise!

LE SETTER
Comme le pointer, c'est un chien qui a du nez. Il est dressé pour lever le gibier à plumes qui peut ainsi être tiré.

TRAITS DE COMPORTEMENT, TRAITS COMMUNS

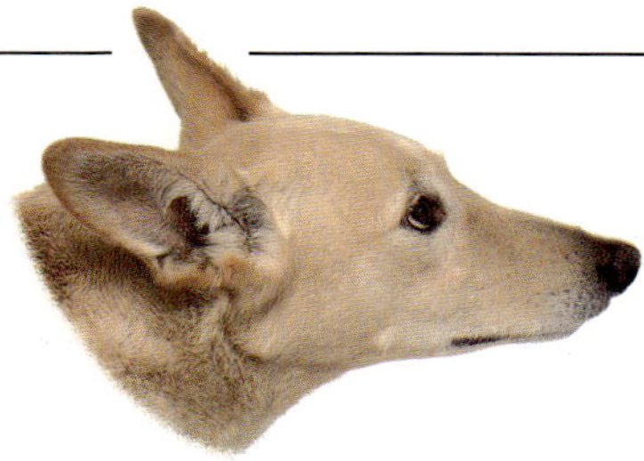

Les oreilles en arrière sont indice de frayeur et parfois d'agressivité.

Les Canidés se divisent en deux groupes, selon leurs comportements : les chasseurs solitaires et les sociaux. Les premiers, soit les renards et les chiens sauvages sud-américains (p. 28 à p. 33), se débrouillent seuls, sauf, bien sûr, pour l'accouplement et les soins aux petits. Le loup, le chacal, le coyote, le lycaon, le dhole (p. 22 à p. 27) et les chiens domestiques (p. 14 à p. 17) font partie des seconds. Ils se comportent un peu comme une famille humaine, avec des parents qui commandent et des petits qui obéissent. Chez les loups ou les lycaons, chaque individu sait qui se trouve au-dessus ou au-dessous de lui dans la hiérarchie, et est prêt à défendre ou améliorer sa position. Les loups ont beau être des tueurs redoutables, ils combattent rarement jusqu'à la mort. Et lorsque l'un d'eux est blessé, les autres l'aident à se nourrir.

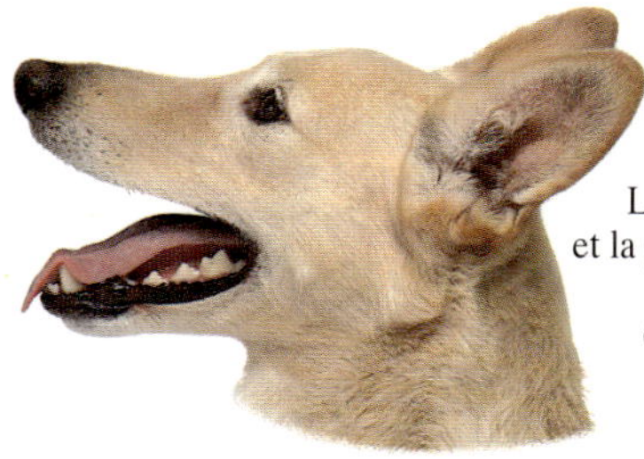

L'oreille coquine et la gueule «souriante», il est heureux et décontracté.

Chien bâtard

ILS FONT CONNAISSANCE
Le loup de gauche, dominant, salue celui de droite, plus faible, plus soumis.

Les oreilles couchées sont signe de peur ou d'agressivité.

La queue entre les jambes est signe de soumission.

Les dents serrées dénotent l'appréhension.

Berger allemand

LE LANGAGE DU CORPS
Les chiens s'expriment par la position de leur corps et de leur queue; ils n'ont pas besoin de la parole.

TROIS COPAINS
Cette peinture anglaise de la fin du XIXe siècle représente trois bâtards (p. 60) en train de jouer dans la neige et de se manifester leur amitié.

Accroupi, le renard s'apprête à bondir.

Aux aguets, le renard prête l'oreille à une éventuelle proie.

Renard gris d'Amérique du Nord

CHASSEURS SOLITAIRES

Les renards, dont le renard gris américain (p. 29), tuent leur proie en solitaire. Ils n'ont donc pas le comportement complexe, avec réactions de réciprocité, des chasseurs sociaux. Ils ne remuent pas la queue comme les loups et leurs oreilles droites sont moins mobiles. Capables de se replier sur eux-mêmes quand ils ont peur, s'ils sont en colère, ils se dressent autant qu'ils le peuvent pour paraître grands et menaçants.

Deux loups se disputent la place de chef

CHASSEURS SOCIAUX

Ils doivent pourvoir aux besoins alimentaires de leur groupe et se défendre contre les autres grands prédateurs, félins et hyènes. Mais leurs principaux ennemis ont toujours été les hommes, qui ont exterminé le loup (p. 22) sur la plus grande partie de son habitat, en Europe et en Asie. Le lycaon et le dhole sont aussi en voie d'extinction. Seuls le chacal et le coyote continuent à prospérer.

HURLER AVEC LES LOUPS
Si on le laisse seul, le pointer hurle, comme son ancêtre loup, pour tâcher de communiquer avec ses semblables. Les chiens hurlent aussi à la mort à l'écoute de certaines musiques ou dehors, à la pleine lune.

LE PLUS FORT
Beaucoup plus petit que le dalmatien, le norwich-terrier a pourtant une personnalité plus forte. Et il le montre.

Le dalmatien tourne légèrement la tête, en signe de crainte.

L'attitude franche du norwich-terrier montre bien qu'il n'a pas peur.

Dalmatien

Norwich-terrier

BOUCHÉES DOUBLES
Ces lycaons vont dévorer tout ce qu'ils pourront sur la proie qu'ils viennent de tuer, puis le régurgiter pour nourrir leurs petits ou d'autres membres de la meute qui se battront pour ces bouchées à moitié digérées.

Pointer

MESSIEURS LES CHIENS
Cette caricature de Grandville publiée à Paris, en 1859, souligne la similitude de comportement entre les chiens, en quête d'une compagne, et les hommes.

MÈRE NOURRICIÈRE
Cette renarde rapporte un lapin à ses petits, affamés, qui l'attendent au terrier.

ILS JOUENT POUR BIEN GRANDIR

À la naissance, tous les petits Canidés se ressemblent. Ils sont minuscules, aveugles, sans défense, ont le poil ras, les pattes et une queue très courtes. Leur nombre varie de un à douze, ou plus, par portée. Comme les autres mammifères, ils tètent leur mère et c'est seulement au bout de quelques jours – neuf pour les chiots domestiques – qu'ils ouvrent les yeux et commencent à entendre. Ils vont bientôt avoir besoin d'une nourriture plus solide. C'est leur mère qui y pourvoira ou bien, chez les espèces sociales, un des membres du groupe, ingérant de la viande pour l'apporter aux petits. Une chienne qui régurgite devant sa progéniture n'est donc pas malade, elle est seulement en train de lui servir un repas. Elle aura cherché un endroit sombre et chaud pour mettre bas, comme les femelles sauvages qui s'abritent dans leur tanière ou leur terrier, soixante-trois jours environ après l'accouplement.

Des dogues allemands de un mois...

... jouent à s'attaquer...

... l'un essayant de dominer l'autre.

L'HEURE DE LA RÉCRÉ
Les chiots ont besoin d'espace pour jouer et se dépenser. C'est la condition d'une bonne croissance. Il leur est également indispensable d'apprendre la vie avec leurs congénères et les humains. Sur ces images, deux petits dogues allemands de un mois sont en train de se familiariser l'un avec l'autre.

Les voilà à nouveau copains.

À CROQUER
Les besoins des petits dogues allemands (ci-dessus et à droite) ne diffèrent guère de ceux du pékinois et du loup. Pour atteindre leur taille adulte de géant, il leur faut de la viande fraîche en quantité suffisante, du calcium, des vitamines, de bons os à ronger (p. 62) et beaucoup de place pour exercer leurs pattes qui grandissent.

Dogues allemands âgés de six semaines

LOUVETEAUX GOULUS
Cette louve allaite ses petits, mais, dans quelques semaines, leurs dents de lait pointues auront poussé et blesseront ses mamelles. Commencera alors le sevrage, avec de la viande régurgitée.

LEÇON DE VIE
Pour ces jeunes lycaons qui deviendront de redoutables chasseurs, le jeu est une école de vie. Comme les petits dogues allemands, ils y apprennent les règles du comportement social et à attaquer et maîtriser proies et ennemis.

Petit bronze grec du Ve siècle av. J.-C. figurant une chienne qui attend des petits.

Labrador noir de quatre mois et demi

Dalmatien de six mois

MÊLÉE
Ce dalmatien et ce labrador noir se chamaillent. Le premier, dominant, est un peu plus âgé que le second. Tous deux sont à mi-croissance. Dans quelques mois, ils pourront se battre pour de bon et se donner de sérieux coups de dents, qui mettent généralement fin à leur jeu.

ENFANTS-LOUPS
Selon la légende, Rome a été fondée en 753 av. J.-C. par deux jumeaux, Romulus et Remus, qui avaient été recueillis et nourris par une louve.

TRANSPORTS EN COMMUN
Tous les Canidés transportent ainsi leurs petits. C'est plutôt la mère qui s'en charge mais il arrive que le père s'en mêle, attrapant doucement sa progéniture par la peau du cou pour la conduire en lieu sûr.

LE LOUP N'EST PAS UN LOUP POUR LES LOUPS

À PAS DE LOUP
Cette meute de loups d'Europe suit le mâle dominant dans la forêt, à la recherche d'une proie. Ils mangeront ce qu'ils trouveront, élan aussi bien que souris, ou même insectes et baies, si la nourriture se fait rare. La meute peut comporter jusqu'à 20 individus et son territoire, très vaste, couvrir plus de 1 000 km^2.

Conduite par le mâle et la femelle les plus âgés auxquels les jeunes doivent obéir, la meute de loups rappelle beaucoup la famille humaine. Son organisation sociale comporte de nombreux traits communs avec celle-ci en ce qu'elle a également évolué, à travers les âges, en groupes de chasseurs soudés pour pouvoir s'attaquer à des proies importantes. Les membres d'une meute connaissent leur position au sein de la hiérarchie dont ils sont tenus d'observer les règles strictes. Et si l'un d'eux s'avise de vouloir usurper la place de son supérieur, il risque de se faire exclure du groupe. Seuls les loups de rang élevé s'accouplent. C'est le père qui se charge de rapporter la pitance à la tanière, après la naissance des petits. La mère les allaite pendant environ deux mois et demi, puis avec les autres jeunes louves de la meute, elle les nourrit de viande régurgitée jusqu'à ce qu'ils soient en âge de chasser. Au début, les louveteaux ont tous les droits et les aînés se prêtent à leurs jeux mais, à mesure qu'ils grandissent, ils doivent apprendre à rester à leur place.

L'oreille dressée indique que le loup est sur ses gardes, à l'affût d'un événement bon ou mauvais.

Ses dents acérées permettent au loup de tuer rapidement sa proie.

CONNU COMME LE LOUP BLANC
Le loup du Grand Nord canadien n'a pas la vie facile pour dénicher sa proie dans les glaces du cercle arctique. Son pelage d'hiver blanc, très épais, lui permet de se camoufler dans la neige, bien qu'il comporte quelques poils gris ou même noirs, l'été. Il a la queue courte, les oreilles petites, le corps restant aussi compact que possible. Il se nourrit de lièvres, d'oiseaux et, quand la meute a de la chance, elle arrive à tuer un cervidé ou un bœuf musqué.

LE LOUP GRIS D'EUROPE
Autrefois, les loups étaient présents dans tous les pays d'Europe, mais les hommes les ont persécutés et tués autant qu'ils ont pu, au cours des siècles, faisant peu de cas de l'intelligence de ces animaux.

LE PETIT CHAPERON ROUGE
Ce conte de Perrault servait à faire peur aux enfants et à les dissuader de sortir tout seuls, pour ne pas se faire croquer comme l'imprudente héroïne, à l'époque où il y avait encore des loups.

LE LOUP ROUX
Plus petit que celui d'Europe et bien adapté au climat chaud du sud-est des Etats-Unis, son espèce à l'état sauvage s'y est éteinte. Mais en 1988, quelques spécimens ont été réintroduits en Caroline du Nord.

LOUP Y ES-TU ?
Les loups sont prompts à gronder en montrant les dents et à se battre pour des questions de préséance. Ils peuvent se blesser mais s'entretuent rarement.

DANS LA GUEULE DU LOUP
Au nord-ouest du Canada, selon une légende des Indiens Nootka, chaque fois qu'un jeune guerrier était enlevé par les loups, cette massue servait à représenter les pouvoirs qu'il avait reçus pendant sa captivité. En os, en coquillage et avec des cheveux humains, une tête de loup est sculptée à l'une de ses extrémités.

GRAND MÉCHANT LOUP-GAROU
Dans les superstitions populaires, c'est un personnage malfaisant, homme ou lutin changé en loup. Le thème a inspiré beaucoup de films d'épouvante.

Ses longues pattes puissantes l'autorisent à parcourir d'énormes distances à la recherche de sa nourriture.

La queue baissée indique la méfiance.

UNE FAIM DE LOUP
Voici une meute de loups en train de chasser des bœufs musqués sur l'île d'Ellesmere, dans l'Arctique canadien.

Cette stèle en calcaire illustrant un Egyptien agenouillé devant le chacal de Wepwawet, avec 63 autres chacals, remonte à 550 av. J.-C.

COYOTES ET CHACALS ONT L'ESPRIT DE CLAN

Les chacals et le coyote, qui vit uniquement en Amérique du Nord, se situent au-dessous du loup dans l'échelle des chasseurs sociaux (p. 18), ce dernier ayant la meilleure organisation collective de tous les prédateurs terrestres. Il existe quatre espèces de chacals en Afrique. La plus répandue, celle du chacal commun, se rencontre aussi au sud-est de l'Europe et en Asie du Sud. Le chacal à flancs rayés et le chacal à chabraque vivent au sud du Sahara. Quant au quatrième, le loup d'Abyssinie – qui n'est pourtant pas un loup –, il est en voie d'extinction (p. 12) et ne se trouve plus guère que sur les sommets des montagnes éthiopiennes, en Afrique orientale. Tous forment des groupes familiaux très unis, fouillant à la recherche de leur nourriture : vieille carcasse d'animal dédaignée par d'autres carnivores ou antilope qu'ils ont réussi à tuer eux-mêmes. Lorsqu'une portée voit le jour (p. 20), tous les membres du clan veillent à son élevage et participent à sa subsistance dans la tanière.

PRÉCOLOMBIEN
Les Toltèques du Mexique vénéraient Quetzalcoatl, serpent à plumes ou vieillard masqué, ici représenté coiffé d'un coyote. Cette statue du VIIe ou du VIIIe siècle, en bois et en coquillages, a été retrouvée dans les ruines du site de Tula.

Comme le chien, le chacal jappe.

COUPLE MODÈLE
Ces chacals communs (ou dorés) resteront ensemble toute leur vie, chassant, s'accouplant, patrouillant dans leur territoire, le marquant de leur urine et empêchant les intrus de l'approcher.

À CHABRAQUE
Ce chacal possède une robe caractéristique avec son dos gris ardoisé qui semble couvert d'une chabraque (sorte de selle). Il vit dans les savanes découvertes de l'Afrique orientale et australe.

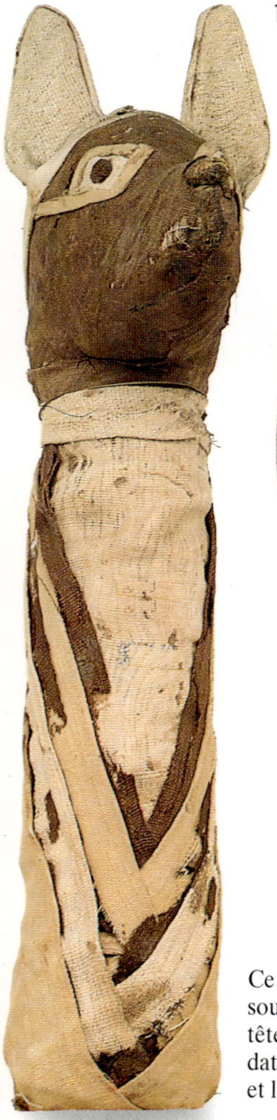

Ce chien égyptien momifié sous la forme du dieu à tête de chacal Anubis est daté entre 600 ans av. J.-C. et l'an 300 ap. J.-C.

Coyote

ANIMAL SOCIAL
Le mot «coyote» vient de l'aztèque *coyotl*. Egalement appelé loup de prairie ou loup aboyeur, il est le chacal d'Amérique du Nord, chasseur social (p. 18) comme lui et vivant en couple et en petits groupes.

Chacal commun

CHIEN-COYOTE
Le coyote peut se croiser avec le chien domestique. N'étant alors ni sauvages ni apprivoisés, leurs descendants ont la vie rude et s'attaquent souvent au bétail pour se nourrir.

ENTRECHA... CAL!
Ce chacal commun se retourne rapidement pour guetter sa proie.

Le crâne est moins volumineux que celui du loup, avec le front plat et des dents proportionnellement plus petites.

Le pelage ras et rugueux du chacal commun varie, selon la saison et la région, du brun doré clair au jaune terminé de brun.

DANSE DU CHIEN
Les chiens étaient très considérés par les Amérindiens, à cause de leur viande et parce qu'ils tiraient les traîneaux (p. 56). Cette peinture de l'artiste suisse Karl Bodmer, au XIXe siècle, représente un sorcier de la tribu Hidatsa (qui vivait au bord du fleuve Missouri, dans le Dakota du Nord) en train d'exécuter, en costume typique, la «danse du chien».

Loup d'Abyssinie

ABOYEUR ÉTHIOPIEN
Le loup d'Abyssinie est en voie de disparition car les hauts plateaux où il vit sont accaparés par les agriculteurs qui y font paître le bétail. Il ne reste plus en liberté que quelque 500 de ces loups au pelage roux fauve.

CULTE DU CHACAL
Anubis, le dieu à tête de chacal, était souvent représenté dans l'art de l'ancienne Egypte.

SOLITAIRE DU SUD
Le renard du Cap, en Afrique du Sud, est le plus austral des renards. Petit chasseur solitaire (p. 18) à la robe argentée, il vit dans des endroits secs et chasse au crépuscule.

LES ESPÈCES SAUVAGES ONT LEUR NICHE… ÉCOLOGIQUE

De nombreux Canidés sauvages vivent en Afrique et en Asie, outre les chacals (p. 24), qui habitent ces deux continents, et les loups (p. 22), parfois asiatiques. Le lycaon (p. 7) est africain, comme l'otocyon (p. 13) dont la denture diffère de celles de ses cousins. En Inde et dans le Sud-Est asiatique, on rencontre le dhole, ou chien rouge, et le chien viverrin, qui vient d'Asie orientale et du Japon. Les dholes sont des chasseurs sociaux tandis que le renard sable du Tibet et celui du Bengale sont des chasseurs solitaires de rongeurs et autres petits animaux. Chacune des multiples espèces de Canidés sauvages africains et asiatiques est carnivore. Son mode de vie spécifique a évolué de façon à lui permettre d'occuper une place bien définie – ou niche écologique – dans son environnement. Chaque espèce interagit avec ses proies, bien sûr, mais aussi sur les autres prédateurs de son aire, ce qui maintient l'équilibre de la nature.

SOCIABLE
Le lycaon est l'un des Canidés les plus sociaux. Ce n'est pas un chien, puisqu'il ne descend pas du loup, et il appartient au genre *Lycaon* qui lui est propre. Il vit en meute dans la savane et possède un système élaboré de communication, mouvements particuliers du corps et sons. Chasseur diurne, il parcourt de grandes distances pour traquer sa proie. Il est vulnérable aux maladies et aux parasites, aux autres carnivores affamés, comme le lion, mais surtout, bien sûr, aux fusils des hommes.

Lycaon

Otocyon (ou chien oreillard)

DENTS À TOUT FAIRE
L'otocyon possède de 46 à 50 dents, contre 42 chez les autres Canidés. Il se nourrit surtout d'insectes mais est également frugivore.

DEUX TÊTES DE CHIEN
Il faut enfoncer les ongles dans la partie en bois de ce fétiche zaïrois, ou *Konde*, pour activer les forces obscures qui se trouvent à l'intérieur.

CHIEN SAUVAGE D'ASIE

Chasseur social, le cuon d'Asie, ou dhole, ou encore cyon, a quelques caractéristiques du lycaon bien qu'il ne lui ressemble guère que par les oreilles arrondies. Il ne se croise jamais avec des chiens domestiques. En Chine, son pelage est plus épais et foncé que chez son cousin indien.

Dhole chinois

Dhole indien

SUR LE TOIT DU MONDE

Le renard sable du Tibet vit dans le froid et la neige des hauts plateaux, au-dessus de 4 000 m. Son épaisse fourrure lui tient chaud et à l'aide de ses longues mâchoires effilées, il déloge les petits rongeurs de leurs terriers.

Chien viverrin en pelage hivernal

NON, CE N'EST PAS UN RATON LAVEUR

Canidé dodu, ce chien viverrin a la queue courte et une belle fourrure épaisse, gris noir et blanche, très recherchée, ce qui lui a valu d'être élevé en captivité dans de nombreux pays. En URSS. on a relâché des animaux captifs; aujourd'hui errants, ils ont essaimé à l'ouest du pays et apparaissent maintenant en France.

Chien viverrin en pelage estival

Le véritable raton laveur d'Amérique appartient à la famille des Procyonidés.

PETIT INDIEN

Le renard du Bengale est une sorte de renard d'Europe miniature. Il vit en Inde, dans les prairies découvertes et les broussailles. Il creuse son terrier et chasse rongeurs, lézards et autres petits animaux.

RIBAMBELLE
Les renardeaux restent plusieurs mois auprès de leur mère avant de conquérir leur propre territoire.

FOX-TROT
Les empreintes de renard sont plus petites que celles de la plupart des chiens, avec des traces de coussins plus longues et de griffes plus profondes.

LE RENARD TIENT À SA RÉPUTATION

Les renards sont des chasseurs solitaires qui subviennent à leurs propres besoins sans l'aide de quiconque, sauf à la saison des amours. Ils ont le corps allongé, le museau expressif, une longue queue touffue, de grandes oreilles et des sens extrêmement développés (p. 14). S'attaquant habituellement aux rongeurs, ils contribuent à limiter leur nombre et à maintenir l'équilibre de la nature. Le renard d'Europe, dont la ruse est universelle dans les fables et les contes, est l'un des carnivores les plus répandus. S'adaptant facilement partout, il vit dans des milieux variés, des déserts aux montagnes en passant par certains centres urbains. Il existe neuf autres espèces de renards, tous désignés sous le genre « Vulpes ». Le renard gris américain appartient à un autre genre, l'« Urocyon ». Son comportement diffère de celui de ses congénères et il est le seul à être capable de grimper aux arbres.

MAÎTRE RENARD
Voici illustrée l'une des fables d'Esope, conteur grec (620-560 av. J.-C.) dont les personnages étaient des animaux (ici, le renard et la grenouille) doués des principaux caractères humains. Leur célébrité a été renouvelée par La Fontaine, au XVIIe siècle.

La couleur de la robe va du gris et roux au rouge feu.

La queue du renard d'Europe, à l'extrémité toujours blanche, n'est pas un moyen d'expression comme chez le chien.

PELISSE
Pendant des siècles, la magnifique fourrure du renard d'Europe a servi à faire des manteaux. L'élevage s'est pratiqué dans l'unique but d'obtenir des peaux de différentes couleurs. Mais aujourd'hui, les amis des animaux condamnent les vêtements en fourrure naturelle.

Renard gris à l'affût d'une proie, lapin, insecte ou charogne. Perché sur une branche, il montre les crocs à l'intrus qui l'a dérangé.

LE PLUS BEAU
Le renard gris vit aux Etats-Unis (sauf dans les Rocheuses et le Nord-Ouest), en Amérique centrale et au nord de l'Amérique latine. Un peu plus petit que celui d'Europe, il est poivre et sel avec le dessous roux et la queue toujours unie.

Renard gris

Le bout de la queue est noirâtre ou gris, comme le reste de la robe.

La truffe et les côtés du museau sont noirs.

UN OISEAU EN VUE
Le renard d'Europe ne monte pas aux arbres, à la différence de son cousin gris qui y passe beaucoup de temps à dénicher les oiseaux et voler leurs œufs. En voici un, sur une faïence de Wedgewood de 1764.

L'odorat développé du renard (p. 16) l'incite à parcourir des distances de plus de 10 km pour trouver sa nourriture.

La gorge et le menton sont clairs ou blancs.

LA CHASSE AU RENARD
Elle fait partie des sports pratiqués à la campagne en Angleterre (p. 14). A force de tuer volailles et gibier à plumes, les renards deviennent parfois un fléau pour les paysans. Même si cela peut paraître cruel, les chasser contribue à l'équilibre naturel. En Europe continentale, le problème ne se pose plus avec la rage, qui décime les renards.

GOUPIL URBAIN
Dans certaines villes, les renards prolifèrent, tuant les rats, vidant les poubelles et finissant même, semble-t-il, par s'adapter à la circulation.

RENARD NOIR
Le naturaliste américain John James Audubon (1785-1851) a représenté de nombreuses espèces sauvages dont le renard noir, forme mélanique de la race européenne.

AU FOND DES BOIS
L'artiste anglais William Morris (1834-1896) qui a dessiné cette tapisserie aimait très certainement la nature. A ses yeux, et à ceux de beaucoup de gens, le renard faisait intégralement partie du paysage sylvestre.

CHAUD DEVANT!
Saucisse dans un petit pain, le hot-dog américain (qui signifie littéralement «chien chaud») a en fait été inventé en Allemagne au Moyen Age.

LES RENARDS DE L'EXTRÊME

Les espèces de renards n'évoluent pas toutes dans des régions tempérées. Quelques-unes vivent sous des climats excessivement froids ou chauds où les conditions sont loin d'être faciles. Il n'y a qu'une sorte de renard à résister aux glaces polaires : le renard arctique, qui parcourt un territoire de 6 000 hectares pour dénicher sa pitance. Il a de petites oreilles et une fourrure épaisse. Différentes espèces, en revanche, habitent les endroits les plus chauds de la planète, les déserts. La plupart du temps, très peu de nourriture leur suffit. Capables de chasser aussi bien que de se contenter de cadavres d'animaux, ils arpentent d'énormes étendues à la recherche de quelque chose pour subsister. Ces hôtes du sable ont d'immenses oreilles, de petits corps pour survivre de peu, et une fourrure courte et épaisse. Aux heures brûlantes, ils dorment dans des terriers ou des trous de sable et chassent la nuit, où il peut faire très froid.

LE FENNEC
C'est le plus petit des renards et celui qui a le plus de mal à subsister. Il vit dans le désert brûlant du Sahara où les autres animaux, et donc la nourriture, sont rares.

Renardeau arctique avec son pelage foncé d'été

MULTICOLORE
Le renard arctique est de quatre couleurs. Le voici à droite, blanc, ou polaire, avec sa robe d'hiver : il vit dans le haut Arctique où le sol est presque toujours enneigé. L'été, sa robe devient marron et blanche, comme ci-dessus. Une autre variété de l'espèce, moins courante, est le renard bleu. Sa robe d'hiver est gris acier et celle d'été entièrement brune. Pour changer de couleur, il mue au printemps et à l'automne.

Renards arctiques, l'un avec un pelage foncé d'été, l'autre avec un pelage clair d'hiver

Les grandes oreilles du renard famélique, toutefois plus petites que celles du fennec, sont typiques des espèces «chaudes»

LE RENARD FAMÉLIQUE
Souvent confondu avec le fennec, ce petit habitant des déserts d'Afrique du Nord et d'Arabie a de nombreux points communs avec celui d'Europe. Il en a le crâne, les dents et même la couleur, avec un corps encore plus petit, une constitution plus délicate et des oreilles beaucoup plus grandes. Il est difficile à différencier du fennec et du renard pâle.

LE RENARD BLOND DES SABLES
Appelé aussi renard pâle, il vit dans les steppes du sud du Sahara et sa taille est comparable à celle du fennec avec qui on le confond souvent.

La longue queue fournie peut s'enrouler autour du corps pour tenir chaud pendant les nuits froides du désert.

Renard de Rüppell ou renard famélique

UN BON REPAS
Pour attraper ces gerboises, le fennec doit posséder des sens très développés (p. 14) et être très rapide.

Large collerette de très belle fourrure

LE RENARD À GRANDES OREILLES
Il est la forme méridionale du renard véloce. On ne le rencontre plus qu'au sud-ouest des Etats-Unis et au Mexique. Autrefois très répandu, il a en partie été décimé par un poison destiné aux loups et aux coyotes.

Le renard véloce vit dans les déserts et les prairies d'Amérique du Nord.

Renard arctique adulte avec son pelage clair d'hiver

La fourrure épaisse des pieds recouvre presque les griffes.

Ornement d'étrier – avec un renard au front de l'homme – d'une tribu mochica du Pérou précolombien (an 600 à 1000)

CE SONT LES COUSINS D'AMÉRIQUE... DU SUD

Les Canidés sauvages sud-américains sont souvent nommés « loups » ou « renards », mais il ne faut les confondre ni avec les vrais loups (pp. 22-23), ni avec les vrais renards (pp. 28-29). Chasseurs solitaires (pp. 18-19) de petits animaux, ils se satisfont aussi des autres denrées comestibles à leur portée, y compris les fruits. Ils se divisent en quatre groupes distincts, ou genres : le chien des buissons, à pattes courtes ; le loup à crinière ; au moins six espèces différentes de renards gris sud-américains, dont la plus courante est le colpeo ; et le renard crabier. Parfois apprivoisé par les Indiens, ce dernier les accompagne à la chasse, comme un chien domestique. Les loups des Malouines, qui vivaient dans les îles du même nom et sur la côte est de l'Argentine, ont été exterminés par l'homme. Le naturaliste anglais Charles Darwin (1809-1882) en rencontra quelques spécimens au cours de son expédition autour du monde.

SANS VALEUR
Avec sa robe jaune grisâtre et noire, et sa queue noire à l'extrémité, le colpeo n'est pas recherché pour sa fourrure (pp. 12-13) et, pour l'instant, son espèce n'est pas menacée.

DE PATAGONIE
Les *Dusicyon* andino-patagonais vivent au sud de l'Amérique latine et, comme la plupart de leurs congénères, ne sont pas farouches. En 1834, Darwin en assomma un d'un coup de marteau : un geste assez peu scientifique!

TRÈS RECHERCHÉ
Corps gris, tête rousse et très longue queue fournie, voici le renard d'Azara, *Dusicyon*, des pampas argentines et du Sud brésilien.

Renard d'Azara

Chien des buissons

BUISSONNIER
Le chien des buissons ressemble davantage à une loutre ou à un blaireau qu'à un chien domestique. Comme les autres Canidés sud-américains, ce n'est ni un chien ni un renard : il appartient au genre distinct *Speothos*, qui passe beaucoup de temps dans son terrier et qu'on rencontre dans les forêts tropicales, à proximité des cours d'eau où il mène une vie discrète assez mystérieuse.

Loup à crinière

MÉCONNU
Le renard à petites oreilles est l'un des plus rares Canidés d'Amérique du Sud, et aussi l'un des plus méconnus. Il habite les forêts tropicales, c'est à peu près tout ce qu'on sait de lui.

TOUT EN JAMBES
Du genre *Chrysocyon*, le loup à crinière est différent de tous les autres Canidés, avec sa queue courte et ses pattes très longues. Ni renard ni loup, malgré son nom, il vit dans les forêts sèches et les savanes du Brésil jusqu'au Paraguay et chasse [illegible] proies en fondant sur elles. Il saute par-dessus les [illegible] et les broussailles.

Le loup à crinière a une courte queue fournie à l'extrémité blanche.

Poterie nasca de la côte péruvienne (350 av. J.-C.-600 ap. J.-C.)

LE RENARD CRABIER
Gris avec une bande médiane noire sur le dos, il ne doit pas souvent manger de crabes, et «renard des forêts» lui conviendrait mieux. Il habite les forêts tropicales du nord-est de l'Amérique du Sud.

Papyrus égyptien (vers 1500 à 1200 av. J.-C.) représentant deux chacals et des chèvres.

LES CHIENS NE RENIENT PAS LEUR ANCÊTRE

Du grand lévrier anglais au petit pékinois, tous les chiens domestiques descendent du loup. Si leur morphologie en est très éloignée et qu'elle varie d'une race à l'autre, ils ont néanmoins gardé l'instinct et le comportement de leur ancêtre. Les hommes ont probablement commencé à apprivoiser des loups, dont on a retrouvé les ossements dans certains sites archéologiques, dès la fin de la période glaciaire, il y a plus de 12 000 ans. Les Égyptiens et les Proche-Orientaux ont été les premiers à élever des types particuliers, mastiffs et lévriers par exemple. Dans la Rome antique, la plupart des types raciaux canins existaient déjà. Des squelettes retrouvés en témoignent et, plus encore, les œuvres d'art qui les ont fidèlement représentés. Les chiens étaient dressés à la chasse, à la garde des troupeaux ou des habitations (p. 40 à p. 45), et à la compétition sportive (pp. 46-47). Ils étaient déjà les amis de l'homme.

DIEU-CHACAL
Le chacal, qui n'est pas l'ancêtre du chien domestique, n'en a pas moins toujours été associé à l'homme. Anubis, à la tête de chacal, était une des plus importantes divinités de l'ancienne Egypte. Le voici sculpté dans du calcaire, vers l'an 300.

SYMBOLE DE FERTILITÉ
Cette plaque en argent illustre une créature stylisée, mi-chien mi-oiseau. Fabriquée sous la dynastie perse des Sassanides, au VIIe siècle, elle a été découverte dans le nord de l'Inde.

Anse ornée de corail

CHASSE AU CANARD
Ce vase celtique en bronze (400 av. J.-C.) a été retrouvé près de Basse-Yutz, en Moselle. Sur l'anse, deux chiens chassent un canard qui semble «nager» lorsqu'on verse le breuvage.

Sur ce bas-relief du palais assyrien d'Assurbanipal, édifié dans l'ancienne ville de Ninive entre 645 et 635 av. J.-C., des chasseurs tiennent leurs chiens qui ressemblent à des mastiffs.

ASIATIQUE
En Extrême-Orient, les chiens, qui remplissent de nombreuses fonctions, sont objets de vénération religieuse. Cette statue de chien-lion, dieu d'un temple thaï en est une démonstration.

HELLÉNIQUE
Ce magnifique vase grec (380-360 av. J.-C.) a été retrouvé dans le sud de l'Italie. On y voit une jeune fille agitant une tortue pour taquiner son chien. Les bracelets qu'elle porte aux chevilles sont destinés à la protéger des mauvais esprits.

Cette sculpture sur marbre datée du IIe siècle figurant deux lévriers assis a été trouvée par le collectionneur anglais Charles Townley au Monte Cagnolo, près de Rome, à la fin du XVIIIe siècle.

UNE VIEILLE AMITIÉ
Voici le squelette d'une femme enterrée avec la main posée sur le squelette de son chien. Ils ont été mis au jour sur le site archéologique de Ein Mallaha, en Israël, et datent d'il y a environ 12 000 ans. C'est là l'un des plus anciens vestiges de chien domestique jamais découvert dans le monde.

ANTIQUITÉ
Depuis les temps les plus reculés, les Romains avaient des lévriers et des chiens courants, pour la chasse. Les molosses, eux, avaient les qualités requises pour le combat, et même pour la guerre.

«CAVE CANEM»
L'ancêtre du «Prenez garde au chien» de nos portails est le *Cave canem* des Romains qui signifiait la même chose. Le nom «Canidé» vient du latin *Canis*, le chien.

COLLIERS DE CHIEN
Peintres et sculpteurs ont toujours représenté les chiens avec des colliers, depuis l'ancienne Egypte et Pompéi jusqu'aux temps modernes.

Collier italien en cuivre

Collier allemand en acier garni de pointes

Collier de cérémonie en argent

ROSE DE CHIEN
Les anciens Grecs prêtaient à l'églantine, ou rose de chien, des vertus magiques et s'en servaient pour soigner les morsures de l'animal enragé (p. 62).

Poterie de la culture colima (300-900), au Mexique, figurant un chien nu techichi, engraissé pour la table

CERTAINS SONT DINGOS

Les premiers chiens descendaient des loups et ont été domestiqués voici environ 12 000 ans. Certains sont ensuite retournés à la vie sauvage, chiens errants qui subsistaient en chapardant les restes laissés par les chasseurs. Il en existe encore ici et là dans le monde, qui vivent et se reproduisent loin des hommes. Les plus nombreux sont les dingos australiens, qui ont l'aspect de grands renards, mais il y a aussi les chiens sans maître en Inde et en divers autres pays d'Asie, les chiens parias, d'un mot tamoul (Sri Lanka) qui signifie « intouchable », au sens de « inférieur à toutes les castes » et donc absolument méprisable. Il y en a encore à travers toute l'Afrique, à l'orée des villages : ils font alors office d'éboueurs. On les laisse quelquefois entrer dans les maisons mais on ne leur donne pour ainsi dire pas à manger, la nourriture étant déjà rare pour les humains. Ces chiens africains, chiens jaunes et sloughis de brousse, sont la forme brute du lévrier sloughi.

UN COUP DE CHANCE
En Egypte, les chiens errants comme ceux-ci profitent des restes laissés par les touristes.

UNE CASTE À PART
En Inde, les chiens parias vivent à l'état sauvage depuis des millénaires. Certains font penser aux dingos australiens. Tous ces chiens sauvages sont proches du loup.

DOMINICAIN
Il ressemble probablement aux chiens sauvages que Christophe Colomb (1451-1506) a dû rencontrer aux Antilles, en découvrant le Nouveau Monde.

PÉRUVIEN
En Amérique latine, bien avant l'arrivée des colons espagnols, des chiens vivaient autour des habitations indigènes, tout comme leurs descendants errants actuels.

VIEUX DINGO
Sur ces peintures rupestres découvertes près du cap d'York, en Australie, un dingo se trouve aux côtés d'un ancêtre des aborigènes.

Dingo assis

[illegible] sert à [illegible] les [illegible] : [illegible], lapins, [illegible]rs, [illegible]rous. [illegible] dingo [illegible] [illegible]er [illegible]s et [illegible]tes.

L'œil du dingo ressemble plus à celui du loup qu'à celui d'un chien.

DOMINANT
Ces jeunes dingos savent lequel des deux est dominant.

PRÉHISTOR[illegible]
Les dingos a[illegible] (ci-dessus et à droite) ont[illegible] prospéré dans la nature qu'[illegible]ngtemps été tenus po[illegible]pèce originelleme[illegible] et non pour ce qu'il[illegible]lement : des chiens re[illegible]sauvages après avoir [illegible]s déjà domestiqués [illegible]borigènes, voici au moi[illegible]ns.
On devrait le[illegible] car, membres ma[illegible] de la faune australienne, [illegible]robablement les seuls des[illegible] pur sang (à l'exception [illegible]mens croisés avec [illegible] européennes) [illegible]s domestiques [illegible]ques.

ARISTOCRATE
Le dingo, ici représenté sur une gravure ancienne, est le chien de la plus pure race, car il n'a pas été croisé avec d'autres races depuis longtemps ; il est très près du chien primitif.

MA[illegible]
Comme tous les c[illegible], [illegible]ingo descend du loup (pp. 22-2[illegible]) [illegible], [illegible]me celui-ci, il s'accouple une [illegible] et élève ses petits qui devie[illegible]s chasseurs sociaux [illegible]).

Robe rousse, plus claire sur le ventre

Bout du pied blanc

Longue queue fournie à l'extrémité parfois blanche

Les pieds du dingo sont comme ceux du loup : sans ergot aux pattes de derrière.

L'élégant lurcher laisse deviner le squelette caractéristique des chiens.

ATTENTION, CROISEMENTS !

Épagneuls, lévriers, terriers, nombreuses sont les races canines vieilles de plusieurs siècles. Mais par croisements, on peut en développer de nouvelles à tout moment. Ainsi le sealyham, une race de terrier (p. 52) apparue dans les années 1800 et « inventée » par le capitaine Edwardes qui vivait à Sealyham, au pays de Galles. Il est également possible de reconstituer une race éteinte. Tel a été le cas du lévrier irlandais, disparu il y a cent ans et dont on a recréé une lignée à partir de dogues allemands, de lévriers d'Écosse et de mastiffs. Avant la première exposition canine en Angleterre, en 1859, la taille, la morphologie et la couleur des chiens variaient au sein d'une même race. Aujourd'hui, les spécimens se ressemblent à cause des standards, c'est-à-dire des caractéristiques d'aspect imposées par les clubs. Cela peut nuire aux animaux en leur faisant perdre leur originalité et en rendant certaines tares héréditaires, comme la dysplasie de la hanche chez le berger allemand.

BIZARRE
A la fin du XVIe siècle, une bête imaginaire est apparue dans le folklore britannique, «Mimicke Dogge» («chien-imitateur»). Pour certains, elle devait avoir le poil hirsute et être un peu acrobate, comme un caniche. Pour d'autres, elle avait l'esprit d'un singe et la tête d'un hérisson.

Les babines retroussées du lurcher lui donnent un air souriant.

Lurcher

TORRENTIEL
Voici l'illustration du caricaturiste George Cruickshank (1792-1878), de l'expression britannique anglaise : «Il pleut des chats, des chiens et des fourches.» L'équivalent sans doute de notre «Il tombe des hallebardes», pour dire qu'il pleut à torrents.

Chien

Chien méchant

SIGNES DE PISTE
Les routards américains, clochards ou vagabonds, usaient d'un code secret pour signaler la présence, dans les propriétés, d'un chien ou d'un chien méchant.

Bol à punch en majolique (faïence) de Wedgwood, orné de chiens fantaisie

TORERO
Aux côtés d'Oliver Reed, ce bull-terrier a été, en 1968, la vedette du film *Oliver*, tiré d'un roman de Charles Dickens (1812-1870). Cette race, apparue au XVIIIe siècle et d'abord dressée à combattre les taureaux (p. 54), est le fruit de nombreux croisements entre bouledogues et terriers. Leurs oreilles sont naturellement droites.

COMBAT AU FINISH
La race du staffordshire-bull-terrier a été officiellement reconnue lors d'une exposition, en 1935. Originaire des Midlands, en Angleterre, et issu du croisement du bouledogue anglais, du fox-terrier à poil lisse et du White English terrier (race éteinte), il fut d'abord un chien de combat.

Staffordshire-bull-terrier

Terriers Jack Russell

POIL DUR ET POIL LISSE
Ces sympathiques terriers ont été sélectionnés, au XIXe siècle, par un pasteur du Devon (Angleterre), Jack Russell. Considérés alors comme un type, de taille et d'aspect variables, ils étaient le produit de plusieurs races, aujourd'hui éteintes. En 1990, la Société centrale canine britannique a consacré le Parson Jack Russell comme une race officielle. L'Australie en a sa version propre, également tenue pour une race, tandis qu'aux Etats-Unis et au Canada, ils sont toujours classés comme types.

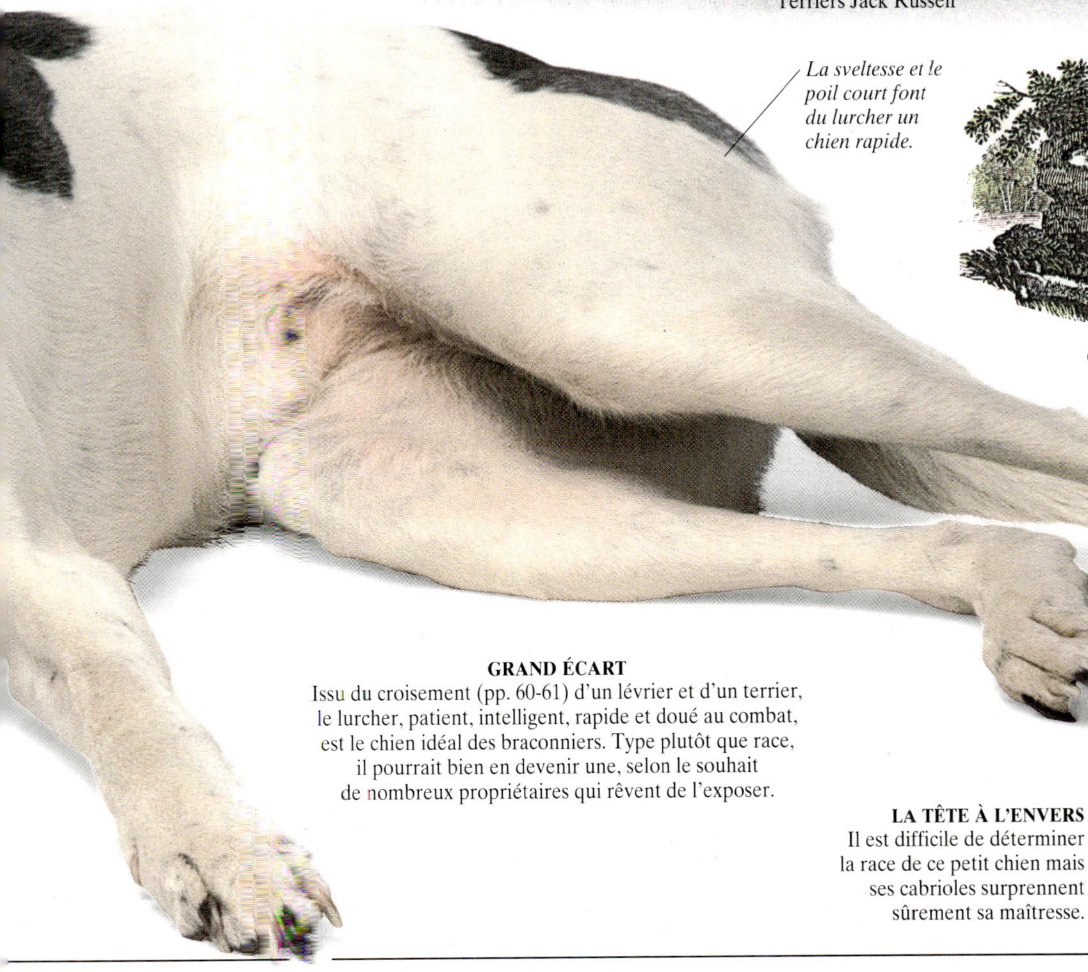

Gravure de Thomas Bewick (p. 43) représentant un ancien lurcher

GRAND ÉCART
Issu du croisement (pp. 60-61) d'un lévrier et d'un terrier, le lurcher, patient, intelligent, rapide et doué au combat, est le chien idéal des braconniers. Type plutôt que race, il pourrait bien en devenir une, selon le souhait de nombreux propriétaires qui rêvent de l'exposer.

LA TÊTE À L'ENVERS
Il est difficile de déterminer la race de ce petit chien mais ses cabrioles surprennent sûrement sa maîtresse.

SCÈNE INDIENNE
A la chasse, les empereurs moghols des Indes obéissaient à autant de rituels que les seigneurs féodaux de l'Europe médiévale. Voici représenté Akbar (1542-1605), traquant l'antilope avec un saluki (p. 47).

DRESSÉS POUR LA CHASSE

Dans le monde entier et depuis la nuit des temps, les chiens sont associés à la chasse. Au Moyen Âge, dans l'Europe féodale, la chasse à courre occupait une grande partie de la vie des rois et des seigneurs. C'était là un exercice jugé indispensable pour s'entraîner aux tournois et à la guerre. Très complexes, les lois de cet art « noble », appelé grande vénerie, imposaient de protéger le gibier qui lui était réservé et que les paysans n'avaient pas le droit de chasser. Cerfs et biches, notamment, lièvres, sangliers, loups, à la différence des daims, chevreuils, renards et chats sauvages, considérés comme du tout-venant bon pour la petite vénerie. Selon les époques, différentes races de chiens courants, à l'odorat ou à la vue aiguisés, ont été élevées dans les chenils royaux. Le plus prisé était le saint-hubert.

CURÉE MÉDIÉVALE
Au Moyen Age, les chasseurs avaient des meutes d'une douzaine de chiens courants et un limier à l'odorat sélectif, chargé de débusquer le gibier et de le rabattre. Sur cette miniature d'un livre d'heures, c'est un sanglier qui a été traqué par les chiens, puis abattu par les chasseurs.

LE SON DU COR
Une série de notes longues et courtes, émises par cet instrument, composait l'un des rituels importants de la vénerie, au Moyen Age.

Ce cor de Savernake (Angleterre) date du XIIe siècle. Les scènes de chasse gravées sur argent ont été ajoutées au XVIe siècle.

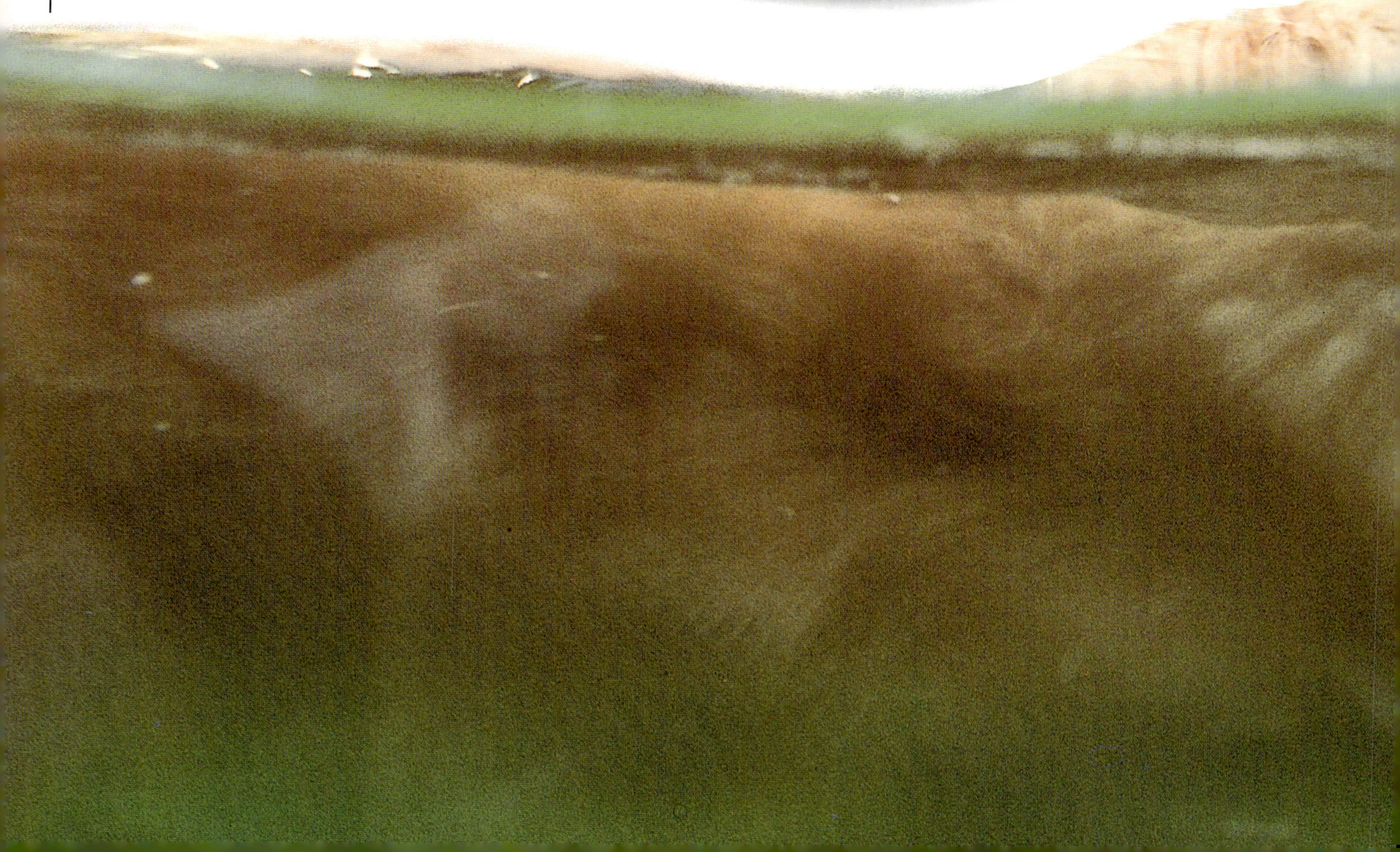

HALLALI
Un cheval, un cavalier et des chiens chassent le cerf sur cette chaîne de montre en or et argent admirablement travaillée par un orfèvre français (1845).

LA RÈGLE DU JEU
Le garde-chasse continue, comme au XIe siècle, à protéger «le gibier contre les prédateurs», ce qui était et reste inutile; il continue aussi à le protéger des braconniers, ce qui est toujours d'actualité.

ART AFRICAIN
Les bronzes du Bénin sont célèbres dans le monde entier pour leur valeur artistique. Cette plaque exécutée par un artiste nigérian de la fin du XVIe siècle, représente un soldat portugais avec son fusil et son chien.

TAÏAUT ! TAÏAUT !
Cette œuvre d'un peintre anglais de la fin du XIXe siècle, Alfred Duke, figure une meute de beagles en train de pister du gibier, avec force aboiements. L'origine de ces chiens hardis, vigoureux et intelligents est très ancienne. Les Anglo Normands les ont dressés à la chasse au lièvre. Leur petite taille permettait de les mettre dans une sacoche, sur la selle.

ALLEZ, RAPPORTE !
Ce retriever doré rapporte un bâton hors de l'eau comme il le ferait d'un animal tué à la chasse. Presque tous les chiens aiment nager mais les retrievers sont spécialement dressés pour la quête et le rapport dans les marais. Ils obéissent vite et apprennent à tenir entre les dents le gibier sans le mordiller. Grâce au sous-poil très épais et très gras de leur robe, ils peuvent séjourner longtemps dans l'eau glacée.

DIANE CHASSERESSE
Cette peinture sur émail de Limoges nous montre à quoi ressemblaient les chiens de chasse français au milieu du XVIe siècle. Elle représente Diane, déesse romaine de la chasse, qui, selon la légende, fuyait la société des hommes, toujours escortée par des nymphes. Dans l'art classique, on la voit souvent sur un char tiré par deux cerfs blancs.

Les chiens nagent en agitant alternativement leurs pattes avant, comme au trot. Les enfants exécutent les mêmes mouvements, la «brasse du petit chien», lorsqu'ils apprennent à nager.

CES BERGERS QUI VEILLENT SUR LE BÉTAIL

Le dressage des chiens pour garder le bétail remonte au moins au 1er millénaire avant notre ère, lorsque les agriculteurs ont possédé de grands troupeaux de moutons, de chèvres et de bovins. Dans son traité d'agronomie, Columelle, l'écrivain latin du 1er siècle, note que les bergers préféraient les chiens blancs, qu'ils ne risquaient pas de confondre avec des loups, afin de ne pas les tuer par méprise. Aujourd'hui encore, même si les loups sont très rares, la plupart des nombreuses races de chiens de berger élevées dans le monde sont encore de couleur rousse ou claire, avec beaucoup de blanc dans la robe, et elles ont gardé une agressivité qui ne va pas sans poser quelques problèmes.

FIDÈLE LASSIE
Le colley, ou berger d'Ecosse, s'est rendu célèbre au cinéma, sous le nom de «Lassie».

IL SURVEILLE
Le bobtail, dont le nom signifie en anglais «queue écourtée», naît pourtant rarement sans queue et on la lui coupe à la naissance (p. 44), pour qu'il corresponde aux critères officiels. Un gros chien de berger sans queue n'est d'ailleurs guère efficace, car il ne peut courir vite. Son origine ne semble pas très ancienne. Sur cette peinture anglaise du XIXe siècle, il a bien l'attitude du gardien de troupeau.

COLLEY À POIL LONG
Ce berger traditionnel des Basses Terres écossaises tient probablement son nom du mot anglais *collier* («mineur»), allusion aux moutons à face noire dont il assurait la garde. Auxiliaire fidèle des bergers pendant des siècles, il est devenu l'une des races les plus populaires du monde, chien d'exposition et animal de compagnie très prisé.

Grâce à ses pattes antérieures musclées, puissantes et droites, et à la nervosité de ses pattes postérieures, le colley parcourt de grandes distances pour mener les troupeaux.

Le corps du colley est plus long que haut.

BERGER BELGE
Il n'existait déjà plus de loups en Belgique lorsque ce chien est devenu une race distincte, vers 1880. C'est pourquoi, avec le berger allemand moderne, il échappe à la règle selon laquelle les chiens de troupeaux devaient être de couleur claire.

RASSEMBLER LE TROUPEAU
Variété de colley, le border collie, originaire de la frontière anglo-écossaise, est l'un des meilleurs bergers du monde. On l'élève pour son efficacité à la tâche et non pour les expositions.

BERGER AUSTRALIEN
Appelé également kelpie, c'est un animal solide, fait pour le travail, dont la race a été fixée par les éleveurs de bétail vers 1830. Sa spécialité est de mordiller les bêtes au jarret.

DEUX BERGERS
Ce berger roumain et son chien sont tous deux prêts à affronter la rigueur des hivers d'Europe centrale. Dotés d'une robe épaisse, les chiens de berger traditionnels sont solides et font d'excellents gardiens de troupeaux.

OLÉ !
Thomas Bewick (1753-1828) se rendit célèbre, en Angleterre, par ses gravures d'animaux. Ici, un chien provoque un taureau.

Les oreilles doivent être demi-dressées, la pointe retombant vers l'avant.

PETIT ET HARMONIEUX
Il semble que tous les animaux domestiques des îles Shetland, tout au nord de l'Écosse, soient de petite taille. En effet, poneys et troupeaux de bétail nain se développent mieux avec des conditions rudes, dans cet archipel battu par les vents, le climat est très froid et la nourriture rare surtout l'hiver. Colley modèle réduit, le berger Shetland, ou sheltie, est l'heureux produit de croisements destinés à maintenir sa petite taille.

L'odorat du shetland lui permet de localiser un agneau enseveli sous la neige et de le sauver.

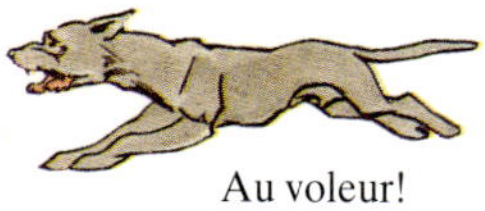

Au voleur!

NÉS POUR RENDRE SERVICE

Aussi loin qu'on remonte dans son histoire, le chien a toujours été l'auxiliaire indispensable des hommes : animal de compagnie, gardien des troupeaux, de la maison ou de la ferme. Le rôle moderne du chien de garde s'étend à la surveillance des locaux industriels, ce qui peut être cruel. Car enfermer un chien dans un espace clos, et l'y laisser seul pour qu'il mette en fuite les intrus, c'est aller à l'encontre de son comportement social naturel. Ainsi, les chiens policiers dressés pour la protection ou la détection de la drogue et des explosifs restent rarement seuls et mènent une vie équilibrée. Certaines races sont plus agressives que d'autres mais il faut apprendre aux chiens à défendre leur propriétaire et à attaquer seulement les malfaiteurs. Compagnons des malades, des handicapés et des personnes seules, ils rendent nombre d'autres services. Ne serait-ce qu'en exigeant une promenade quotidienne, ce qui maintient leur maître en forme !

À LA GUERRE
La fidélité des chiens est telle qu'on peut les dresser à accomplir des missions très dangereuses.

Les dents et la forte mâchoire du boxer – à la mandibule proéminente – sont dissuasives pour les intrus.

Fort et vigoureux, le boxer a hérité du bouledogue ses membres antérieurs puissants mais c'est un animal nerveux, et physiologiquement fragile.

Le poil abondant, long et ondulé, noir avec des taches feu et blanches, protège le bouvier bernois du froid, dans les montagnes suisses.

BOUVIER BERNOIS
En Suisse, de gros chiens de type mastiff étaient autrefois dressés pour protéger les conducteurs et marchands de bestiaux dans les montagnes qu'ils traversaient avec leurs troupeaux. Jusqu'au début du siècle, on les appelait simplement «chiens de montagne» mais aujourd'hui, selon leurs quatre cantons d'origine, ils sont devenus bouviers bernois (pp. 56-57), d'Appenzell, de l'Entlebuch, et grand bouvier suisse.

COSMONAUTES
Si l'envoi de chiens dans l'espace a pu contribuer à améliorer la connaissance humaine, cela a dû être terrifiant pour ces animaux – comme toutes les expériences de laboratoire. Laïka, une chienne soviétique, a été la première à voyager à bord d'une fusée, en 1957. Elle y est morte, sans souffrance, paraît-il.

Saint-bernard en pleine action

SAINT-BERNARD
Depuis plusieurs siècles, les chiens des moines de l'hospice du Grand-Saint-Bernard, en Suisse, ont été dressés au sauvetage des voyageurs égarés en montagne.

CERBÈRE
Dans la mythologie grecque, c'était le chien à trois têtes qui gardait l'entrée des Enfers pour empêcher les vivants d'y pénétrer et les morts d'en sortir.

Droites comme celles du loup, les mâchoires du berger allemand offrent toute la place voulue à de bonnes dents.

LES YEUX DE L'AMITIÉ
Les chiens-guides d'aveugles servent d'«yeux» à leur maître. D'autres peuvent être dressés pour aider les sourds et les handicapés qui ne peuvent saisir seuls les objets. Ou pour tenir compagnie aux personnes âgées, malades ou démunies.

L'intervention qui consiste à couper les oreilles (essorillage) est interdite en Angleterre mais obligatoire en France pour participer à des expositions canines. Elle donne au chien l'air plus féroce.

L'amputation de la queue est une mutilation cruelle qui prive le chien d'un moyen d'expression naturel.

Ce dobermann empêche un intrus d'approcher.

FÉROCE GARDIEN
Apparu en Allemagne à la fin du XIXe siècle, le dobermann est un gardien-né, créé pour être agressif. Mais bien dressé, il peut aussi devenir un compagnon affectueux. Ces grandes races de garde sont déconseillées si l'on désire simplement un compagnon.

BONS COMPAGNONS
Races d'origine allemande, le boxer et le berger allemand sont deux chiens de garde. Le premier est issu de croisements, notamment entre le mastiff et le bouledogue (p. 54). Chien de berger, le second, parfois appelé «chien-loup», est devenu le gardien le plus répandu du monde. Ces deux races produisent aussi des spécimens fidèles et affectueux quand on les élève convenablement, avec tout l'espace et l'exercice qui leur sont indispensables. On a réinfusé du sang de loup dans ces races, d'où leurs accès d'agressivité, aggravés par la consanguinité.

Les puissants membres postérieurs du berger allemand en font un excellent grimpeur, également capable de parcourir de grandes distances sans se fatiguer.

COURAGEUX
Du moment qu'il a de la compagnie, le berger allemand est heureux et on peut alors le dresser à défendre les hommes et à surveiller les bâtiments.

LES CHIENS AUSSI FONT DU SPORT

COMBAT DE CHIENS
Sur cette œuvre du dessinateur anglais Thomas Rowlandson (1756-1827), on voit les spectateurs en train d'exciter les combattants. Les paris allaient alors bon train. Ce sport cruel a été interdit en France, en Angleterre et dans presque tous les pays.

À travers les âges, les chiens se sont illustrés dans toutes sortes de sports dont la plupart étaient, hélas, synonymes de cruauté. Ils ont largement participé aux jeux du cirque de la Rome antique, lâchés contre des ours et des taureaux (p. 54). Il semble aujourd'hui inconcevable que le public puisse se passionner pour des combats de chiens et assister à la défaite d'un animal déchiqueté par son adversaire. Pourtant, cela se pratique encore, en toute illégalité, notamment en Grande-Bretagne. La disposition innée des chiens pour la compétition peut s'exercer dans d'autres sports moins barbares. Les différentes races canines ayant une bonne vue (pp. 14-15) ont été autrefois développées pour la course, qui consistait à les lancer à la poursuite de proies rapides. Aujourd'hui, c'est la vitesse qui est privilégiée, et les lévriers courent après un lièvre mécanique. Les chiens ont aussi été utilisés en fauconnerie, avec des oiseaux de proie. En Afrique du Nord et en Asie, le saluki et le lévrier afghan (p. 48) étaient dressés à la chasse aux gazelles.

ALLEZ, LES CHIENS !
Lévriers anglais et whippets sont numéro un dans les courses de chiens organisées dans le monde entier. Celui-ci figurait seulement sur une publicité pour le camembert.

MUSELÉS
Pendant les courses, les chiens sont surexcités. On leur met une muselière pour les empêcher de mordre leur voisin.

Grâce à sa vue perçante, le barzoï (p. 15), excellent chasseur, gagne souvent les courses.

Collerette épaisse et bouclée

Sa profonde cage thoracique et ses épaules déliées facilitent de grandes foulées.

Longue patte musclée

Barzoï

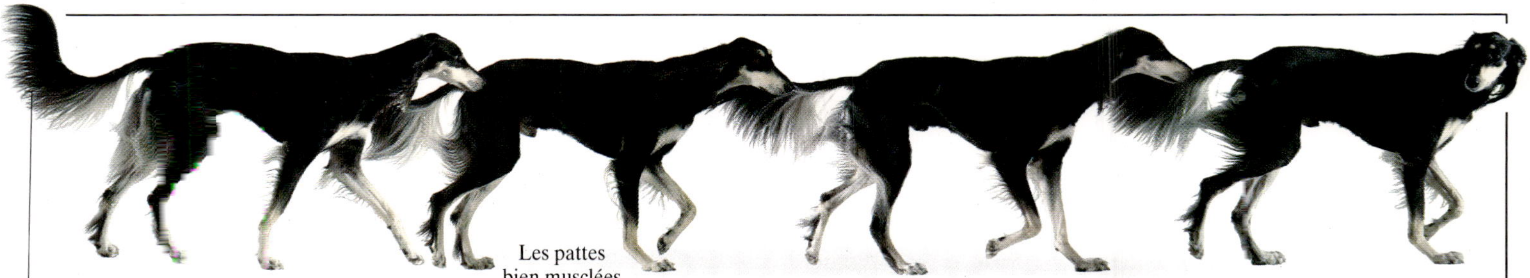

Longue, forte à la naissance et légèrement arquée, la queue est garnie d'une frange

Les pattes bien musclées du saluki en font un coureur infatigable.

UN PORT ROYAL
Le saluki est peut-être la plus ancienne race canine au monde. Des sculptures tombales témoignent de son existence dans l'Egypte prépharaonique. En Arabie, il a été dressé durant des millénaires à la chasse à la gazelle et, avec les faucons, à traquer les grands oiseaux comme l'outarde.

CHIENS DE TRAÎNEAU
Utilisés dans l'Arctique pendant des siècles pour tirer les traîneaux (pp. 56-57), les chiens sont maintenant remplacés par des autoneiges. Mais ces dernières années, les courses de fond en attelage, avec des huskies sibériens, sont devenues un sport très populaire, surtout en Alaska, l'Etat le plus septentrional des Etats-Unis.

MILOU ET TINTIN
Nos héros de bande dessinée font une course dans la neige, tirés par un attelage de chiens de traîneau. Créés par le dessinateur belge Georges Remi, dit Hergé (1907-1983), Tintin et Milou sont aujourd'hui appréciés dans de très nombreux pays.

Le long poil soyeux et ondulé est blanc avec des taches sombres.

La cheville est attachée haut, ce qui allonge et fortifie la patte.

LE CHIEN ET LE LIÈVRE
La course de lévriers, avec un lièvre mécanique poursuivi à vue et non avec l'odorat, est probablement un des sports les plus anciens.

ARISTOCRATE
Le barzoï est originaire de Russie – on l'appelle aussi lévrier russe. L'aristocratie qui chassait le loup avait le privilège de son utilisation. Il est probablement le fruit de croisements entre des chiens d'Asie à longues pattes, comme le saluki, et d'autres, locaux, de type colley à poil long. On en a sélectionné les spécimens les plus beaux et les plus «racés» pour qu'ils correspondent aux nobles aspirations des tsars.

L'ÉLÉGANCE MÊME
A cause de son air hautain, on dirait que l'aristocratique barzoï daigne difficilement se comporter comme un chien ordinaire.

CHASSE À DEUX VITESSES

Peu après les débuts de leur domestication (pp. 34-35), voici quelque 10 000 ans, les chiens se sont séparés en différents groupes dont celui, bien distinct, des chiens courants. À leur tour, ceux-ci se sont divisés en deux branches : les chiens courants à vue développée (pp. 14-15), comme les lévriers anglais et afghans, et les chiens de meute à l'odorat puissant (pp. 16-17), comme les saint-hubert. Les premiers, au corps svelte, couraient vite et étaient utilisés à la chasse pour traquer les proies. Les seconds, plus lents, bâtis plus lourdement, servaient à débusquer et rabattre le gibier. À l'intérieur de ce groupe, les tailles varient plus que dans tout autre. Du lévrier irlandais, autrefois chasseur de loups, qui est le plus grand, au teckel nain chasseur de blaireaux, qui est l'un des plus petits. De nombreuses races fournissent aujourd'hui des animaux de compagnie. L'espérance de vie des plus petits est d'environ 15 ans et chez les très grands, il faut diviser ce chiffre par deux.

LÉGENDE GALLOISE
On raconte que le prince médiéval Llewellyn, découvrant du sang près du berceau de son fils disparu, sacrifia d'un coup d'épée son chien, Gelert, pensant qu'il l'avait dévoré. Plus tard, lorsqu'il retrouva son enfant sain et sauf à côté d'un loup mort, il comprit son injustice. La ville de Beddgelert, au pays de Galles, tient son nom de cette légende.

RACE ALTIÈRE
Dans son pays d'origine, le lévrier afghan, race à poil long très ancienne, était employé par la famille royale pour la chasse à la gazelle ou à la petite antilope. Apparu en Grande-Bretagne au début du siècle, sa robe est devenue plus soyeuse et son poil s'est encore allongé. Animal très prisé dans les expositions, il conserve toutefois ses instincts de chasseur et de bon coureur.

IL NE MANQUE PAS DE DIGNITÉ
La réputation de traqueur infatigable du saint-hubert est légendaire, même si, aujourd'hui, c'est surtout un chien de garde. La sélection artificielle pour le faire correspondre aux standards exigés a provoqué des plis excessifs autour de sa tête, la peau étant hypertrophiée. Un résultat parfois dangereux pour sa santé.

EN MEUTE
Le fox-hound n'a guère changé depuis le Moyen Age et est encore employé pour la chasse à courre du renard. Elevé depuis des siècles dans ce but et habitué à vivre en meute, ce n'est pas un chien de compagnie idéal.

«LE CHIEN DES BASKERVILLE»
Voici une image d'une des trois versions filmées de cette aventure de Sherlock Holmes, écrite par l'Ecossais sir Arthur Conan Doyle (1859-1930).

GÉANT IRLANDAIS
En Irlande, la race de chiens courants utilisés depuis le Moyen Age pour la chasse au loup s'est probablement éteinte au XIXe siècle, un peu après la disparition des loups. Un officier de l'armée britannique l'a reconstituée à la fin du XIXe siècle et le lévrier irlandais est devenu le plus grand chien du monde, avec 94 cm au garrot. La version d'autrefois ressemblait plutôt au lévrier anglais à poil ras. Cette race est dramatiquement fragile et n'atteint jamais l'âge de 10 ans.

Queue droite

QUI VA À LA CHASSE...
A l'origine destiné aux battues dans la chasse au lièvre, en France et en Angleterre, le beagle est devenu très à la mode aux Etats-Unis, pour chasser le lapin. A cause de sa petite taille, de son poids peu variable et de sa tolérance à la vie de groupe, c'est la race la plus utilisée par les chercheurs des laboratoires.

SCÈNE DE CHASSE DU DEVON
Ce détail d'une tapisserie flamande du début du XVe siècle illustre une scène de vénerie médiévale : nobles richement vêtus, meute, sanglier. Cette œuvre a appartenu au duc de Devonshire, en Angleterre.

Grâce à ses solides pattes antérieures et à ses longues pattes postérieures musclées, le lévrier irlandais peut courir longtemps après une proie.

BASSET SAUCISSON
En allemand, teckel signifie «chien pour la chasse au blaireau». Cette race faisait à l'origine partie des terriers, car le teckel était chargé de débusquer du logis les blaireaux. Son classement dans le groupe des chiens courants est dû à une altération de son nom de l'allemand à l'anglais. Le teckel nain, qui pèse 5 kg, est un animal de compagnie très apprécié.

Le teckel a le poil ras, long ou, comme ici, dur.

LE CHIEN D'ARRÊT SE DRESSE

Épagneuls, setters, pointers et retrievers appartiennent tous à la vaste catégorie des chiens de chasse. Dressées pour cohabiter en chenil, ces races d'arrêt (pp. 16-17), qu'on emploie surtout pour la chasse au gibier à plumes, ne sont, en principe, pas agressives. Dotées d'un excellent odorat, elles flairent la présence des oiseaux et s'immobilisent, silencieuses, aplaties au sol, pour la signaler au chasseur. Elles ne doivent pas se précipiter à la poursuite de la proie. C'est au retriever qu'il revient de rapporter celle-ci, sans la mordiller (p. 41), après qu'elle a été tuée ou blessée. Aptes au dressage, on les utilise non seulement pour leur vocation première mais aussi comme animaux de compagnie. Le labrador qui allie ces deux qualités est sans doute le plus prisé.

PRÊT À TIRER
Le chien de chasse doit aussi apprendre à ne pas avoir peur du bruit des coups de fusil.

Voici un objet pour dresser le chien de chasse à rapporter, sans céder à la tentation de le mordre.

Le setter anglais tient délicatement un bâton dans la gueule, comme il le ferait d'une proie, en prenant soin de ne pas l'abîmer ni le mordre.

Grâce à sa robe épaisse, le setter anglais peut être emmené à la chasse en hiver et par temps froid, contrairement à d'autres chiens, surtout à poil ras, qui ne le supportent pas.

Les setters et les pointers lèvent souvent une des pattes antérieures au moment où ils se figent en position d'arrêt, juste avant que le chasseur tire.

LE REPOS DU CHASSEUR
A la fin d'une longue journée de chasse, ces messieurs en culotte et veste d'équitation se reposent avec leurs chiens (pp. 40-41), leur cheval et leurs fusils.

DÉLICAT
Le retriever est dressé à rapporter à son maître le gibier abattu.

BEAUTÉ ROUGE
Une robe rouge soyeuse et un caractère doux caractérisent le setter irlandais. Mais c'est une race nerveuse et entêtée à laquelle on reproche son manque de fiabilité à la chasse.

UN CHARMEUR
Devenu animal de compagnie et d'exposition, le cocker-spaniel est pourtant un épagneul qui tient son nom de son aptitude à chasser la bécasse.

Les pattes charpentées et musclées du cocker en font un excellent chasseur d'oiseaux

Retriever à poil bouclé et épagneul d'eau irlandais

TREMPÉS COMME DES CANARDS
A la chasse au canard, le chasseur et son chien finissent souvent par être tous les deux trempés. Dressés depuis des siècles à être des «chiens d'eau», les épagneuls sont les auxiliaires traditionnels des chasseurs de gibier à plumes.

IL FAIT LE POINT
Dressés à «pointer» (p. 16) avec leur truffe le gibier caché, les pointers sont indispensables pour tirer les oiseaux.

Couvercle de boîte autrichienne en verre italien (1800)

La queue est parfois appelée «plumeau» lorsqu'elle ressemble au plumage d'un oiseau.

CHIEN D'ARRÊT
Le setter anglais est une des plus anciennes races de chiens de chasse, et peut-être la plus belle. A l'origine, c'était un épagneul dressé pour l'arrêt – le signalement du gibier au chasseur. Au Moyen Age, avant l'expansion des armes à feu, les oiseaux étaient attrapés dans des filets. Le setter s'illustre aussi par ses qualités de retriever (rapporteur). Celui-ci tient un bout de bois dans la gueule, comme il le ferait d'un oiseau mort.

IL VISE JUSTE
Ce carreau français du XVIIIe siècle figure un chasseur, gibecière en bandoulière, accompagné de ses chiens. Il vise un lapin ou un lièvre.

Longue laisse spéciale qui permet au chien de chasse de s'échapper dès qu'il le faut.

ÉCOSSAIS NOIR
Le scottish terrier moderne est le descendant des terriers à pattes courtes et poil dur, chiens de travail élevés durant des siècles dans les Highlands. Avant 1900, il était rarement noir.

LES TERRIERS NE FORMENT PAS UNE SOCIÉTÉ FERMÉE

Les terriers sont des chiens de chasse dressés à débusquer le gibier qui se réfugie sous terre, dans un terrier. Ils ne se font pas prier pour gratter dans les trous, à la recherche des blaireaux, renards, lapins ou rats. Malgré la racine latine de leur nom, leur origine britannique est très ancienne. Excellents ratiers, ils sont capables de tuer les nuisibles dans les fermes et les mines. Différents types ont été développés : le border-terrier, le scottish-terrier et le yorkshire-terrier, notamment. D'autres pays ont sélectionné leurs propres races, comme le terrier australien. La plupart des spécimens enregistrés par la Société centrale canine sont considérés comme races à part entière depuis seulement un siècle.

Le bout de la petite oreille en «V» de l'airedale-terrier tombe en avant, sur le haut de l'œil.

Les bonnes dents et la mâchoire en étau empêchent la proie de se sauver.

Très près du corps, la robe dure et drue exige un toilettage soigneux.

Grâce à ses longues mâchoires solides, le terrier australien peut attraper les lapins, les rats et même les serpents.

UNE GÉNÉALOGIE COMPLIQUÉE
Créé au début du siècle, le terrier australien provient de croisements entre des terriers de type cairn, dandie-dinmont, irish et yorkshire, émigrés sur ce continent en même temps que leurs propriétaires britanniques.

ROMAIN
Découvert dans le nord de l'Angleterre au XIXᵉ siècle, ce sujet en alliage de cuivre, réalisé entre le Iᵉʳ et le IVᵉ siècle, ressemble à l'ancien aberdeen-terrier.

Le norfolk-terrier, très court sur pattes, a les oreilles légèrement arrondies à l'extrémité et tombant sur ses joues.

Le terrier, visiblement, est très joueur.

LE GÉANT DES TERRIERS
L'airedale-terrier est né, au milieu du XIXe siècle, d'un croisement (pp. 60-61) entre le old-english terrier, aujourd'hui éteint, le otterhound («chien à loutres») et le bull-terrier, il est le plus grand représentant de la famille. Il a été utilisé pendant la Première Guerre mondiale pour porter des messages (pp. [illegible]).

La queue est attachée haut et portée droite, non recourbée.

POUR L'ÉTERNITÉ
Voici Bobby, le skye-terrier héros d'une légende écossaise selon laquelle il ne voulut pas s'éloigner de la tombe de son maître, après la mort de celui-ci. On raconte qu'il y vécut dix ans avant de s'éteindre à son tour.

La coutume veut qu'on écourte la queue (p. 45) du fox-terrier.

Doté d'un excellent équilibre, le fox-terrier est prêt à l'action : aussi bien pour chasser que pour mettre en pièces un tapis.

FOX-TROT
A la fin du XIXe siècle, le fox-terrier, à poil dur (à droite) ou lisse, était la race la plus populaire en Angleterre. Plus petit, le terrier Jack Russell (p. 39) lui a aujourd'hui volé la vedette.

DANDY
Les chiens sont depuis longtemps utilisés dans la publicité. Ce coquet terrier a fait la une d'un magazine.

Avec sa tête en forme de poire, ses longues oreilles et son poil clair frisé, le bedlington-terrier ressemble à un agneau.

L'ALLURE D'UN AGNEAU
Plusieurs races dont le whippet, le otterhound et le bull-terrier ont contribué, pense-t-on, au développement du bedlington-terrier.

TAMBOUR DÉCORÉ
Les chiens ont toujours servi de mascottes aux régiments. Voici Tambour, courageux héros de guerre aux côtés des fusiliers du Northumberland. Sa mort a été rapportée par la presse, en 1902.

RUÉE VERS L'OS
Le norwich-terrier est une nouvelle race qui descend des terriers de l'East Anglia, en Angleterre. Petit chien très sportif, à pattes courtes et poil dur, il a les oreilles droites ou tombantes, selon sa variété. En 19[illegible], la seconde a été baptisée norfolk-terrier.

Les terriers, comme ce norfolk, creusent aussi bien avec les quatre pattes.

COMPAGNON MINIATURE
Ce détail d'un paravent japonais du XVIIe siècle illustre un riche marchand portugais avec ses serviteurs et son chien.

DES CHIENS QU'ON APPELLE SPÉCIAUX

Tous les chiens sont utiles aux hommes, d'une manière ou d'une autre. Mais on appelle races d'utilité – ou d'agrément et de compagnie – celles qu'on ne peut faire entrer dans les cinq grands groupes de définition (p. 48). « Chiens spéciaux » serait plus approprié pour couvrir l'éventail de leurs caractéristiques individuelles et parce que cette catégorie comprend les cas particuliers, plus intéressants. L'histoire de certains d'entre eux se perd dans la nuit des temps : l'ancêtre du chow-chow, par exemple, est apparu en Mongolie il y a 3 000 ans ; il a servi à faire la guerre, puis les Chinois l'ont élevé pour sa fourrure et sa viande. D'ailleurs, la plupart des races de ce groupe ont, au départ, été développées dans un but précis – le bouledogue pour combattre les taureaux, le caniche pour la chasse au canard, etc. – même si, aujourd'hui, ils sont simplement des animaux de compagnie ou de concours. Parmi eux, les chiens « nationaux » : boston-terrier américain, bouledogue britannique ou caniche français.

MADE IN AMERICA
Très populaire aux Etats-Unis, le boston-terrier est, exceptionnellement, l'une des races à y avoir été créée.

Le dos a gardé les puissants muscles des premiers bouledogues.

Une morphologie avec les pattes « bien sur terre »

Bouledogue

DES COSTAUDS
A l'origine, le bouledogue était un grand chien, mais les croisements pratiqués avec des terriers ont provoqué une diminution de sa taille. Aujourd'hui, ils font de bons chiens de garde robustes.

BRITANNIQUE
Symbole britannique par excellence, le bouledogue, dressé au départ pour les combats contre les taureaux, incarne la force et l'obstination. Ses origines remontent au moins au XVIe siècle.

CHOUCHOU CHINOIS
La race du chow-chow est vieille de 200 ans, née d'un couple de chiens parias (pp. 36-37) introduits de Canton, au sud-est de la Chine, en Angleterre, dans les années 1780. Un naturaliste anglais de cette époque les décrivit comme « semblant avoir été engraissés dans le but d'être mangés ».

La langue du chow-chow est toujours bleu-noir, une caractéristique rare héritée de ses ancêtres chinois.

La fourrure très épaisse et la queue rabattue sur le dos sont typiques des spitz, adaptés aux températures arctiques.

HOP LÀ !
Très facile à dresser, le caniche a souvent été chien de cirque. Sur cette broche autrichienne en or fin datant de 1890, un clown encourage sa bande d'acrobates à quatre pattes.

ÉQUIPAGE DE LUXE
Au XIXe siècle, en France et en Angleterre, le dalmatien était très à la mode pour accompagner les équipages des aristocrates. Les harnais des chevaux étaient parfois assortis à la robe du chien!

Le museau est orné d'une imposante moustache.

Ce schnauzer géant, le plus grand de la race, mesure plus de 65 cm à partir de l'épaule.

MOUSTACHU
Le mot schnauzer vient de l'allemand *schnauz*, qui signifie «moustache». Originellement chien de berger au sud de l'Allemagne, cet animal énergique est devenu un compagnon agréable. Aux Etats-Unis et au Canada, le schnauzer moyen et le géant sont classés parmi les chiens de travail (pp. 56-57), tandis que le nain entre dans le groupe des terriers (pp. 52-53).

La robe du dalmatien est toujours blanc pur avec des taches distinctes noires ou couleur foie.

TACHETÉ
Les origines du dalmatien sont controversées. Certains pensent qu'il est arrivé d'Inde avec des gitans qui se sont fixés en Dalmatie, l'actuelle Yougoslavie; d'autres au contraire pensent qu'il est originaire d'Italie. On sait avec certitude qu'il a été introduit pour la première fois en Angleterre au XVIIIe siècle, par des voyageurs. Outre sa robe tachetée, ce chien a une particularité appréciée des jardiniers : son urine contient de l'urée mais pas d'acide urique, et n'est donc pas nuisible pour le gazon. Le célèbre dessin animé de Walt Disney, *Les 101 Dalmatiens*, a rendu la race très populaire.

Longue patte bâtie pour la vitesse et l'endurance

CHIEN MODÈLE
Les caniches ont d'abord été des chiens de chasse (pp. 50-51), probablement en Allemagne, mais leur intelligence et leur abord sympathique ont bientôt fait d'eux nos animaux d'agrément favoris. Sur cette peinture de Jean-Jacques Bachelier (1724-1806), on peut voir à quoi ils ressemblaient au XVIIIe siècle.

EXCELLENT NAGEUR
Le gros terre-neuve pourrait descendre d'une race de chiens des Pyrénées introduite à Terre-Neuve, à l'est du Canada, par des pêcheurs espagnols.

ILS SE DONNENT UN MAL DE CHIEN

Descendants de loups apprivoisés voici environ 12 000 ans (p. 34), les premiers chiens domestiques aidaient déjà les hommes à la chasse aux mammouths ou aux petits oiseaux. Dès lors, ils n'ont jamais cessé de « travailler » à leurs côtés. Chez les Indiens d'Amérique du Nord, ils étaient les seuls animaux domestiqués jusqu'au XVe siècle. Leur principale tâche était de tirer les traîneaux, ou « travois », chargés des biens que possédaient les familles lorsque celles-ci changeaient de campement. Ils servaient aussi d'auxiliaires quand il s'agissait de chasser les gigantesques troupeaux de bisons. Leur rôle fut moins actif en Europe, où les animaux de trait étaient traditionnellement les chevaux et les bœufs. Mais les chiens esquimaux et les huskies sibériens n'ont cessé d'être indispensables pour les expéditions polaires. En ce qui concerne les expositions, dans la catégorie des chiens de travail, le registre des races comprend les chiens de berger (pp. 42-43) aussi bien que les chiens-guides, de garde ou d'avalanche (pp. 44-45).

CORGI ROYAL
Bergers courts sur pattes originaires du pays de Galles, les corgis sont aujourd'hui les favoris de la cour d'Angleterre.

LE BON PASTEUR
La tâche du kelpie, ou berger australien, consiste à ramener les animaux égarés du troupeau en remontant celui-ci à toutes pattes. Un kelpie bien dressé peut ainsi faire le travail de six hommes et parcourir 70 km par jour.

Les yeux du husky sont bruns, bleus ou vairons (un de chaque couleur).

Husky sibérien

Chez les chiens, la régulation thermique se fait par la langue, c'est pourquoi ils halètent pour se rafraîchir, même dans l'Arctique.

Grâce à sa morphologie râblée et à sa collerette de fourrure épaisse, le corps du husky garde le plus de chaleur possible.

COUVERTURE SUISSE
Le bouvier bernois, chien auxiliaire typique (p. 44), appartient à l'une des nombreuses races de type mastiff domestiquées depuis l'Antiquité, à travers l'Europe et l'Asie, pour garder et défendre les conducteurs de bestiaux dans les montagnes. La nuit, il tenait chaud à son maître en dormant auprès de lui, le jour, il suivait les bêtes grâce à son flair exceptionnel, capable de les repérer même sous une couche de neige.

LIVRAISON À DOMICILE
En Suisse comme dans d'autres pays montagneux, des chiens de type mastiff tiraient la charrette du laitier par les sentiers étroits. De tout temps, l'agressivité naturelle du mastiff a fait de celui-ci un excellent chien de garde.

Comme tous les mastiffs, le danois a un poitrail profond et puissant.

DANOIS OU DOGUE ALLEMAND ?
Sous ces deux appellations, ce chien de type mastiff s'est développé en Allemagne où, autrefois, un château ne se concevait pas sans un couple de géants comme lui pour le garder. Paradoxalement, c'est une race assez fragile.

LE GRAND NORD
Le mot «esquimau» signifie «neige». On ne l'utilise plus guère pour désigner les indigènes (Inuit) des régions arctiques mais le terme est resté en vigueur pour leurs chiens.

Le harnais est conçu pour donner à l'animal la meilleure puissance de trait.

La queue pend quand le chien est au repos. Quand il court, elle est portée en faucille au-dessus du dos.

HUSKY ATTELÉ
Le husky sibérien est un chien de pure race. Mais aux Etats-Unis, et en particulier au Canada, le terme «husky» s'applique à tous les chiens de type spitz utilisés pour tirer les traîneaux ou chasser le phoque ainsi que d'autres animaux arctiques. Sans ces huskies et ces chiens esquimaux (p. 47), les hommes n'auraient pu survivre dans les zones arctiques.

HÉRALDIQUE
Le chien figure souvent sur les blasons, comme ce husky des armes du Yukon, territoire du Nord-Ouest canadien.

LES CHIENS D'APPARTEMENT CACHENT BIEN LEURS ORIGINES

Dans la catégorie des chiens de compagnie, les plus petites races, c'est-à-dire celles qui ne mesurent pas plus de 30,5 centimètres, ont été baptisées chiens d'appartement ou de manchon. Ces représentants miniatures de la gent canine, qui font souvent sourire, descendent aussi du loup et conservent certains comportements de leur ancêtre sauvage. Ils rongent des os, défendent leur territoire et prennent des poses expressives ou remuent la queue pour communiquer avec leurs congénères. Des ossements mis au jour par les fouilles archéologiques attestent que les Romains ont dû être les premiers à élever des chiens de petite taille, de même type que ceux d'aujourd'hui. Le bichon maltais (p. 10), par exemple, probablement d'origine romaine, figure sur une peinture antique. D'autres espèces minuscules issues du Tibet, de Chine et du Japon, ont traversé les siècles. En Europe, l'épagneul nain était le compagnon favori de l'aristocratie médiévale.

Ce chien de chiffon à la mine mélancolique était très prisé en Angleterre, dans les années 1930.

La petite oreille en «V» est portée haut sur la tête.

Le poil fin et soyeux est long, sauf sur la face et les oreilles.

CE N'EST PAS UN JOUET
Trapu et court sur pattes, le silky-terrier n'est pas un animal de salon mais un chien capable de tuer rats, lapins et, dit-on, serpents, en un clin d'œil. Il ressemble un peu au yorkshire terrier mais, issu de croisements, est entièrement originaire d'Australie.

DEVINE QUI VIENT DÎNER ?
Sur ce détail d'une charmante peinture française du XIXe siècle, intitulée *Caninemania*, on voit un chien traité avec les mêmes faveurs qu'un invité d'honneur, tandis qu'un hôte (non représenté) de la maîtresse de maison doit se contenter d'une chaise dans un coin.

A cause des déformations de son squelette, le pékinois adopte une démarche chaloupée.

Grosse tête large au profil très aplati, nez retroussé

DEUX PÉKINOIS
Les chiens miniatures existent en Chine depuis au moins 2 500 ans mais il n'est pas certain que le pékinois soit de race aussi ancienne. Il a fallu le sac du palais d'Eté à Pékin, en 1860, pour que cet épagneul nain fasse son apparition en France. Depuis, il est devenu encore plus petit et plus court sur pattes.

CHIEN-LION CHINOIS
Selon une légende, le pékinois a d'abord été élevé pour représenter l'esprit lion de Bouddha. Mais de nos jours, le petit chien à tête ronde, à museau aplati et à poil long, nous fait davantage penser à une peluche douce à caresser.

IL FAIT LE BEAU
Le pinscher nain est plus ancien que son cousin moyen (considéré à tort comme une réduction du dobermann). Les standards officiels exigent qu'il ait la queue coupée (p. 45), une pratique qui l'empêche de s'exprimer normalement et nuit à son équilibre quand il court.

Le pinscher nain n'est pas un gringalet et ses pattes sont aussi solides que celles d'un chien beaucoup plus gros.

LOULOU
Quand le peintre anglais Thomas Gainsborough (1727-1788) représenta cette chienne de Poméranie avec son petit, la race en était beaucoup plus répandue qu'aujourd'hui. Ce spitz nain au corps râblé, aux oreilles droites, avec un collier de fourrure et la queue enroulée est typique du groupe des races nordiques.

Tête ronde et nez retroussé

Epagneul nain

LE CHIEN DE CHARLES
Originaire de Chine ou du Japon, cet épagneul nain anglais, dit «King-Charles», est arrivé de France en Grande-Bretagne au XVIe siècle. L'affection de Charles II d'Angleterre pour ce chien au bon caractère lui a valu son nom.

Le bichon a toujours la queue enroulée sur le dos.

BICHON FRISÉ
D'origine belge, le bichon à poil frisé a connu un regain de popularité ces dernières années, surtout aux Etats-Unis. Il ressemble à un petit caniche, très pétulant, et adore jouer.

La robe blanche est composée d'un sous-poil laineux très doux (bourre) et de jarres soyeux frisés très lâches.

CHIEN ASSIS
Ce bâtard guette impatiemment une récompense.

TOUS BÂTARDS ET HEUREUX DE L'ÊTRE

L'adaptation des races canines à la chasse, à la surveillance des troupeaux, à la garde ou au sport s'est faite selon un lent processus, qui a demandé plus de 5 000 ans. Pourtant, dans le monde entier, la plupart des chiens sont encore des bâtards, c'est-à-dire des croisements de races différentes. Certains sont le fruit de croisements fortuits, à la différence des chiens de pure race artificiellement sélectionnés par l'homme. Les quelque 400 races actuelles peuvent théoriquement être entre-croisées car toutes descendent du loup et appartiennent donc à une seule et même espèce. Mais l'accouplement est parfois difficile compte tenu de la disproportion des tailles. Des mariages invraisemblables se sont néanmoins produits, par exemple entre teckels et bergers allemands. On dit souvent que les bâtards sont plus intelligents que les autres. En réalité, ils ont surtout une plus grande richesse de comportements, combinant les traits de caractère positifs de nombreuses races différentes.

La queue recourbée permet à l'animal de garder l'équilibre.

Grâce à ses solides membres musclés, il prend un bon élan au début au saut.

UN BOND DE GÉANT
Ces cinq images (à droite) décomposent le saut d'un chien bâtard par-dessus un obstacle. La queue est particulièrement importante pour son équilibre, c'est pourquoi il ne faut pas la couper.

La bonne position juste avant de sauter

« LA VOIX DE SON MAÎTRE »
Cette peinture d'un artiste anglais, Francis Barraud (1856-1924), fut achetée par la marque de grammophones EMI. Le chien « Nipper », un bâtard avec beaucoup de sang bull-terrier, était celui du peintre. Devenus marque déposée en 1910, l'image et son slogan, récemment abandonnés, sont encore célèbres dans le monde entier, et symbolisent les disques vendus sous ce label.

CHIEN SAVANT
Le dressage est parfois long et difficile mais, à la fin, quelle récompense pour le chien et son jeune maître!

CABOT
Snoopy, la star du dessinateur Charles M. Schulz, semble être un beagle mâtiné. Il lui arrive toutes sortes d'aventures désopilantes dans la BD des *Peanuts* dont il est le héros, mais, comme tous les chiens, il aime surtout dormir et rêver, si possible sur le toit de sa niche.

Solide patte bien proportionnée

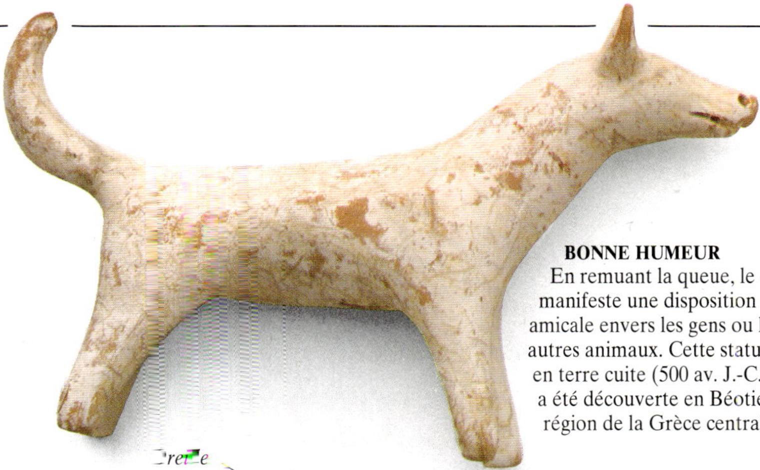

BONNE HUMEUR
En remuant la queue, le chien manifeste une disposition amicale envers les gens ou les autres animaux. Cette statuette en terre cuite (500 av. J.-C.) a été découverte en Béotie, région de la Grèce centrale.

« L'AMI DES BÊTES »
Cette scène émouvante peinte par le Français Constantin Magnier date de 1910. Elle représente un vagabond partageant sa maigre pitance avec ses seuls amis, des chiens bâtards.

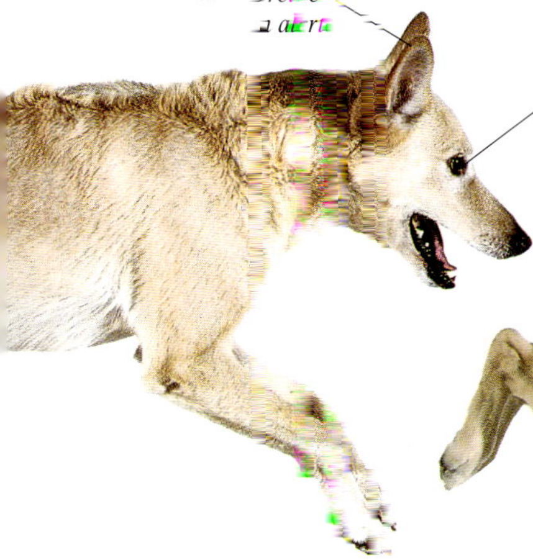

Oreille en alerte

Les yeux regardent droit devant.

TRUFFE BIEN FRAÎCHE
Ce sympathique chiot (pp. 20-21) bâtard se lèche la truffe pour se rafraîchir, par un beau jour d'été.

La queue remonte sur le dos au moment de toucher le sol.

Les pattes antérieures sont bien droites et les pieds fermement posés sur le sol en fin de saut.

Œil vif et brillant

Poil de longueur moyenne, ni trop court ni trop long

Profil bien défini

Nez bien découpé

Oreille effrontée

CORNIAUDS
Ces bâtards sans sigles particuliers ni fonction arrêtée feront des compagnons amicaux et loyaux envers leurs maîtres. Outre leurs qualités individuelles attachantes, ces chiens sont souvent plus résistants, adaptables, moins vulnérables, avec un meilleur caractère que leurs cousins à pedigree.

SÉANCE DE BEAUTÉ
Cette petite fille poudre consciencieusement son chien.

UNE VIE DE CHIEN MODE D'EMPLOI

Avant d'adopter un chien, il faut bien réfléchir : il peut vivre 15 ans ou plus. Le dressage du chiot, la première année, pose moins de problèmes que l'éducation d'un enfant et est beaucoup plus rapide. Il est nécessaire de prêter attention à ses besoins tout en lui apprenant quelle est sa place au sein de sa famille d'adoption. L'animal ne doit pas rester seul plus de quelques heures. Il faut lui donner à boire de l'eau propre et lui distribuer des repas réguliers, à heures fixes, en fonction des habitudes de la maisonnée. Les biscuits durs ou les os lui sont indispensables : en les mâchant, il se nettoie les dents. Enfin, son maître doit penser à le traiter contre les parasites internes et externes, ténia et puces notamment, le faire vacciner contre la maladie de Carré et, si nécessaire, la rage.

1. Prêt pour le toilettage

2. A moitié tondu

3. Sans oublier le ventre

4. Sortie de bain

5. Rien ne doit dépasser

6. Résultat final

UNE COUPE QUI A DU CHIEN
A l'origine, le caniche était fait pour aller dans l'eau et sa robe tondue pour empêcher les poils de s'emmêler. La plupart des spécimens actuels sont des chiens de compagnie qu'il faut tondre, pour leur confort plutôt que pour obéir aux normes des expositions. Son poil est dense et gras.

Bol d'eau fraîche en permanence

Bol de céréales croquantes

COUCHÉ!
De même que les loups ont leur tanière, les chiens domestiques ont besoin d'un endroit à eux pour dormir : panier, grand sac ou vieux fauteuil qu'ils s'approprient.

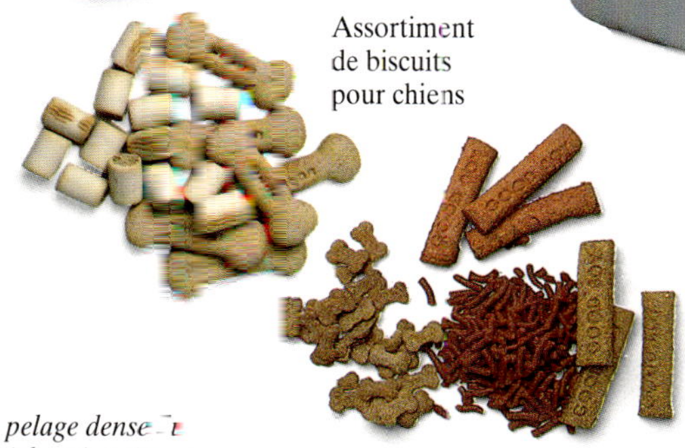

Assortiment de biscuits pour chiens

Brosse et démêloir

Accessoires essentiels

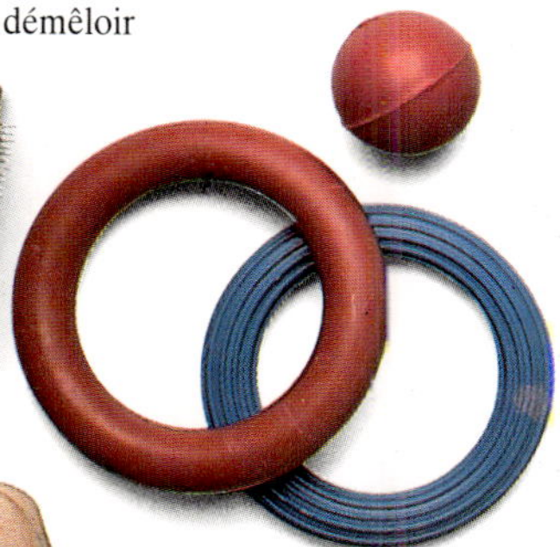

Jouets préférés

Os à mâcher

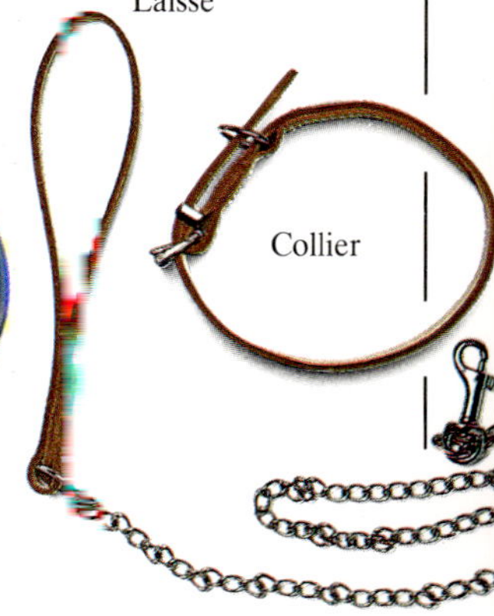

Laisse

Collier

Le pelage dense du caniche nécessite un toilettage spécial

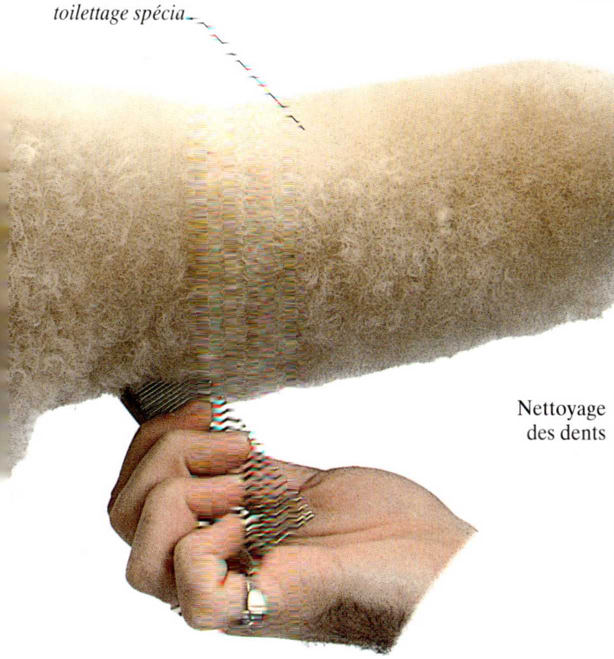

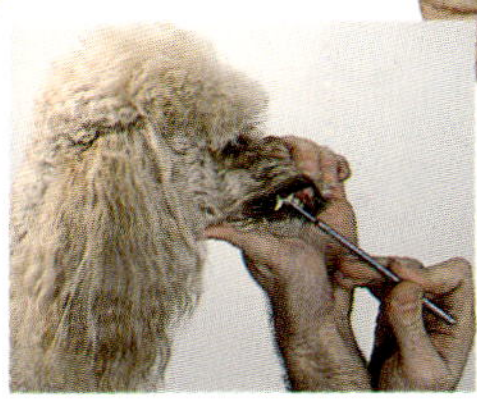

Nettoyage des dents

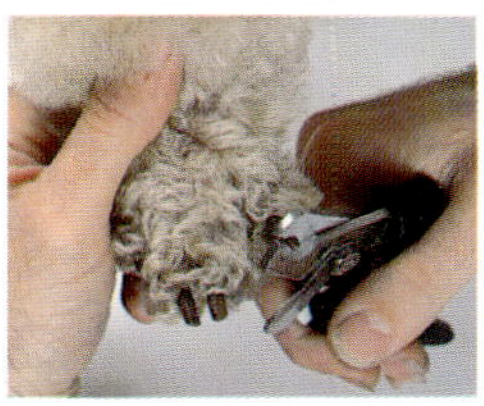

Taille des griffes

Coupe des poils entre les griffes

CHIEN PERDU SANS COLLIER
Etre perdu ou abandonné par son maître est la pire chose qui puisse arriver à un chien. Quand on ne peut plus s'en occuper et qu'il n'y a pas moyen de lui trouver un autre maître, le mieux qu'il reste à faire est de le conduire dans un refuge pour animaux, la S.P.A. par exemple.

ET VOICI LE VAINQUEUR!
Des expositions canines se tiennent depuis environ un siècle. Elles permettent de maintenir les standards des races et sont un lieu de rencontre pour les amateurs qui viennent y débattre de leurs exploits et de leurs problèmes. Mais les normes exigées ne sont pas toujours de l'intérêt des chiens : amputée ou écourtée (p. 45), la queue perd sa fonction de moyen de communication essentiel et de facteur d'équilibre quand l'animal court.

PIÈCES D'IDENTITÉ
Les chiens doivent porter le nom et l'adresse de leur propriétaire, soit gravés sur une médaille attachée à leur collier, soit codés en tatouage, soit encore sur un minuscule grain de plomb codé introduit sous la peau.

INDEX

AB

Anubis 15, 24-25, 34
Audubon, John James 29
Barzoï 15, 46-47, 48
Bâtards 18, 60-61
Beagle 16-17, 41, 49
Bergers 9, 42-43; allemand 11, 12, 18, 38, 42, 45, 60; australien, ou kelpie 42, 56; belge 42; bobtail 42; border collie 42; colley 42-43, 47; des Shetland, ou sheltie 43
Bewick, Thomas 39, 43
Bichon frisé 59; maltais 10, 58
Bobtail, *voir* Bergers
Border collie, *voir* Bergers
Bouledogue 39, 44-45, 54; français 54
Bouvier d'Appenzell 44; bernois 12, 44, 56; d'Entlebuch 44
Boxer 44-45

C

Caniche 38, 54-55, 62-63
Canidés 6, 8, 20, 32-33, 35
Canis lupus 8-9
Cerbère 44
Chacal 6, 15, 16, 18-19, 24-25, 26, 34; à chabraque 6, 24; à flancs rayés 6, 24; commun ou doré 6, 24-25; loup d'Abyssinie 6, 24-25
Chasseurs sociaux 6-7, 14, 18-19, 22-23, 24-25, 26-27
Chasseurs solitaires 6, 18, 26, 28, 32
Chien-coyote 25
Chien de prairie 7
Chien de Saint-Domingue 36
Chien des buissons 6, 32
Chien-lion 35, 58
Chien nu 36
Chien viverrin 26-27
Chiens à la guerre 44, 53, 54
Chiens à la vision développée 14-15, 40, 46, 48
Chiens à l'odorat développé 13, 16-17, 40, 48
Chiens courants 9, 17, 35, 48-49
Chiens dans l'espace 44
Chiens d'arrêt 50-51
Chiens d'avalanche 44-45; 56
Chiens de chasse 14-15, 16-17, 34-35, 40-41, 47, 48-49, 50-51, 52-53, 54-55, 56, 60
Chiens de combat 46, 54
Chiens de garde 9, 15, 34-35, 44-45, 54, 56-57, 60
Chiens de manchon 58-59
Chiens de traîneaux 47, 56-57; courses de 47
Chiens de travail 56-57
Chiens errants 9, 27, 36-37
Chiens esquimaux 56-57
Chiens-guides 45
Chiots, et petits 6, 9, 14, 20-21, 22, 24, 28, 30, 59, 61, 62
Chow-chow 54
Chrysocyon 33
Cocker-spaniel, *voir* Épagneuls
Colley, *voir* Bergers
Colliers 15, 35, 63
Colpeo 32
Combat de chiens 46
Comportement 18-19, 21, 44, 60
Corgi 56
Course au lièvre 15, 46-47
Coyote 18-19, 24-25, 31
Crâne 8-9, 10, 13, 17, 25
Créodontes 8
Cruickshank, George 38
Cynodictis 8-9

D

Dalmatien 12, 16, 19, 21, 55
Danois, ou dogue allemand 14, 20-21, 38, 57, 60
Darwin, Charles 32
Dents 6-7, 8-9, 10, 12-13, 15, 20, 22, 26, 44
Dhole 18-19, 26-27
Diane chasseresse 41
Dingo 36-37
Dobermann 45, 59
Domestication 34-35, 36-37, 48, 56, 58
Dürer, Albrecht 6
Dusicyon 32

E

Épagneuls 9, 38, 50-51, 58; cocker-spaniel 51; japonais, ou tchin 13; King-Charles (épagneul nain anglais) 59
Ergot 6, 11, 37
Évolution 8-9
Expositions canines 38, 56, 63
Extinction 19, 22-23, 24-25

F

Fanons 48
Fennec, *voir* Renard
Fossiles 8-9
Fourrure, ou poil, ou pelage, ou robe 6, 12, 14, 20, 24-25, 26-27, 28-29, 30-31, 32-33, 37, 39, 42, 44, 47, 48-49, 50, 52-53, 54, 56, 58-59, 62-63
Fox-hound 48

GHIK

Gainsborough, Thomas 59
Grand bouvier suisse 44
Husky sibérien 47, 56-57
Hyaenodon 9
Hyène 7, 19
Hyénodontes 8
Indiens d'Amérique 23, 24-25, 32-33, 36, 56
Kelpie, *voir* Bergers
Konde 26

L

Labrador 21
Laisse 51, 63
Lévriers 9, 14-15, 16, 34-35, 38-39, 46-47, 48-49
Loulou de Poméranie 59
Loup 6-7, 8-9, 10-11, 12-13, 16, 18-19, 20-21, 22-23, 26, 32, 34, 40, 47, 48-49, 56, 60; américain 9, 11; arctique 13, 22; chinois 9; comportement du 18-19, 22; crâne du 9-10; gris d'Europe 7, 9, 22; indien 9; louveteaux 9, 20-21; meute 7, 18, 22-23; pattes du 11; roux 23; sens du 14, 16; squelette du 10-11;
Loup à crinière 15, 32-33
Loup charognard 8
Loup d'Abyssinie, *voir* Chacal
Loup de Tasmanie 7
Loup des Malouines 32
Loup-garou 23
Lurcher 38-39
Lycaon, ou loup-peint 7, 10, 12, 15, 18-19, 21, 26-27

MN

Magnier, Constantin 61
Maladie de Carré 62
Mastiff 34, 38, 44-45, 56-57
Molosse 35
Morris, William 29
Mue 12, 30
Muscles 10-11, 54
Muselière 15, 46
Nourriture 20, 62-63

OPQ

Odorat, flair 6, 13, 16-17, 29, 37, 40, 42-43, 48
Oreilles coupées 45
Organes internes 10-11
Otocyon 12-13, 17, 26
Otterhound 53
Pékinois 13, 14, 20, 34, 58
Pinscher nain 59
Pointer 16, 19, 50-51
Queue écourtée 12, 45, 53, 59, 63

R

Races d'utilité 54-55
Rage 35, 62
Renards 6, 10, 12, 16-17, 18, 20, 26, 28-29, 30-31, 32-33; à grandes oreilles 31; arctique 30-31; bleu 30; chasse au 29; d'Europe 6, 10, 12, 28-29, 31; du Bengale 26-27; du Cap 26; famélique 12, 31; fennec 14, 30-31; gris américain 12, 18, 28-29; pâle des sables 31; sable du Tibet 26-27; véloce 31
Renard à petites oreilles 33
Renard crabier 33
Renard d'Azara 32
Retrievers 41, 50-51
Rose de chien, ou églantine 35

S

Saint-bernard 44
Saint-hubert 13, 40, 48
Saluki 16, 40, 46-47
Schnauzer géant 12, 55
Sélection artificielle 13, 14, 16, 60
Sens 6, 14-15, 16-17, 31
Setter anglais 17, 50-51; irlandais 50
Sheltie, *voir* Bergers
Sifflet 14
Sirius (constellation du Grand Chien) 8
Société centrale canine 39, 52
Speothos 32
Spitz 9, 54, 57, 59
Sports 34, 46-47, 60
Squelette 10-11, 34-35, 38, 58

T

Tchin, *voir* Épagneul
Teckel 12, 17, 48-49, 60; nain 12, 17, 48-49
Terre-neuve 56
Terriers 9, 38, 52-53, 55, 58; aberdeen- 52; airedale- 52-53; australien 12, 52; bedlington- 53; border- 52; boston- 54; bull- 39, 53, 60; cairn- 52; dandie-dinmont 52; fox- 13, 39, 53; irish 52; Jack Russell 39, 53; norfolk- 52-53; norwich- 19, 53; old-english 53; scottish- 52; sealyham- 38; silky 58; staffordshire-bull- 39; yorkshire- 52, 58
Toilettage 62-63
Tomarctus 8-9
Truffiers 16

UVW

Urocyon 28
Vue 6, 14-15, 20, 46
Vulpes 28
Whippet 46, 53

NOTES

Dorling Kindersley tient à remercier :
Trevor Smith's Animal World, V Battarby, R Hills, E Mustoe, H Neave, D Peach, R Ramphul, S Renton, S Surrell, J Williamson, et J Young pour nous avoir prêté des chiens à photographier. Les zoos d'Augsburg, Duisburg et Osnabrück où nous pûmes photographier des Canidés sauvages. J Larner pour la partie toilettage. La Société centrale canine britannique et Mrs R Wilford pour leurs informations concernant l'élevage. Le personnel du Natural History Museum et du British Museum pour leur recherche et leur aide. J Gulliver pour sa contribution au stade initial de cet ouvrage. C Carez, B Crowley, C Gillard, T Keenes et E Sephton pour leur aide éditoriale et graphique.

ICONOGRAPHIE

(h = haut, b = bas, m = milieu, g = gauche, d = droite)

Advertising Archives: 60bg, 63bg; Allsport: 46mg; /Bob Martin: 15md;
American Museum of Natural/A E Anderson: 9hg; /Logan: 9mh; Ancient Art and Architecture Collection: 49bmg;
Animal Photography/Sally Anne Thompson: 39hd, 45hd, 45bd, 50m; Ardea, Londres/Eric Dragesco: 25hg; /Ian Beames: 35bd; /Jean-Paul Ferrero: 22h, 37mg, 56m; /Kenneth W Fink: 20bg, 31bd; /M Krishnan: 36mbg; /S Meyers: 28hg; Australian Overseas Information Service, Londres: 37hd; Bridgeman Art Library: 6hg, 6–7h, 7hd, 40mg, 41hg, 41hd, 42hd; Cadogan Gallery, Londres: 18mg; Oldham Art Gallery, Lancs: 46hd; Rafael Valls Gallery, Londres: 55bg; British Museum: 34hg, 34bd, 35mg, 35bg;
Museum of Mankind: 26bd; Jean-Loup Charmet: 19bg, 51bg, 58md, 61hd; Bruce Coleman/John M Burnley: 19hg; /Jessica Ehlers: 36bg; /Jeff Foott: 32mg; /Gullivan & Rogers: 33bd; /F Jorge: 32hd; / Leonard Lee Rue: 25hm, 29hg; Columbia Pictures Television: 39hg
Syvia Cordaiy Photo Library: 63mbd
Cyanamid (UK)/Animal Health Div: 11b
C M Dixon: 36hg; EMI Records: 60md;
English Heritage/Keith Hobbs: 52md;
e.t. Archive: 48bg; Mary Evans Picture Library: 10hg, 16bg, 21m, 22mb, 44bg, 47bg, 48hg, 48hd, 53hm; Marc Henrie, ASC (Londres): 42bd
© Hergé; 47md; Michael Holford: 4bd, 34bg, 38mg, 58bg; Hutchinson Library/H R Dörig: 32hg;
/R Ian Lloyd: 35hg; ILN Picture Library: 53mg, 56bd; Image Bank: 12hg, 30hg; Imperial War Museum: 44hd; Dave King: 10bd, 13mhg, 39 bhd, 42 bg, 45md, 48mg, 51hg, 52hg, 52–53h, 53m, 54hd, 54bg, 57hg, 61bg; Kobal Collection: 23bd, 42hg, 49hg; Michael Leach: 29mb; Leeds Castle Enterprises Ltd: 35bm; Macmillan Inc: 8bd; National Archive of Canada/
Karen E. Bailey: 57b; National Portrait Gallery; 56hd; Natural History Museum Pubs: 9bd; Peter Newark's Pictures: 25m, 29md; NHPA/Michael Leach: 36mhg, /Mandal Raijit: 27bg; Robert Opie Collection: 44hg, 50hg, 54md, 62hg; Oxford Scientific Films/Owen Newman: 25md; Planet Earth Pictures/J R Bracegirdle: 24bm; /Jim Brandenburg: 11md, 23bg; /J Scott: 21hg; Axel Poignant Archive: 36bd; Retrograph Archive/Martin Breese: 14hd, 20hg, 42mg, 44bd, 46hg, 50mg, 53md; Gary Santry: 61md; Science Photo Library/John Sanford: 8hg
South American Pictures/Tony Morrison: 33bg; Tate Gallery: 59hd; Tring Museum: 7bg; © 1990 United Feature Syndicate, Inc: 60bd; F R Valla: 35md; V & A Museum: 29bd, 56hg, 58hg; Werner Forman Archive: 23mh, 24hd, 41hm, 54hg; Zefa Picture Library: 47mg; © Dr Erik Zimen: 18mhd, 19hd, 21mg, 23hd.

Illustrations :
E Sephton, J Kaiser-Atcherley